언제 가도 좋을 여행, 유럽

런던 암스테르담 그리고 델프트

언제 가도 좋을 여행, 유럽

런던 암스테르담 그리고 델프트

글과 디자인
다은

LONDON AMSTERDAM & DELFT

🌿 피톤치드

언제 가도 좋을 여행, 유럽

런던 암스테르담 그리고 델프트

1판 1쇄 | 2019년 2월 20일
펴낸곳 | 피톤치드
글과 디자인 | 김다은
사진 | 김다은 백인천

출판등록 | 제 387-2013-000029호
등록번호 | 130-92-85998
주소 | 경기도 부천시 원미구 길주로 262, 이안더클래식 133호
전화 | 070-7362-3488
팩스 | 0303-3449-0319
이메일 | phytonbook@naver.com
ISBN | 979-11-86692-29-5(13920)

「이 도서의 국립중앙도서관 출판예정도서목록(CIP)은 서지정보유통지원시스템
홈페이지(http://seoji.nl.go.kr)와 국가자료공동목록시스템(http://www.nl.go.kr/
kolisnet)에서 이용하실 수 있습니다.(CIP제어번호: CIP2019002083)」

LONDON

AMSTERDAM

VELT

평범하지만 특별한
여행 일기

2012년 2월, 우리는 남들 다 하는 예물과 혼수를 모두 건너뛰고도 빚을 가진 채 결혼생활을 시작했습니다. 반지하 전세방에 살아도 그저 행복하기만 한 신혼생활이었지만 딱 하나 신혼여행을 일본으로 그것도 패키지여행으로 다녀온 게 참 아쉬웠습니다. 물론 그때는 그것도 감지덕지했지만, 시간이 흐르니 아쉬운 마음이 점점 더 커졌다고 할까요?

2015년 2월, 그래서 우리는 결혼식을 올린 지 3년 만에 나름 제대로 된 신혼여행을 다시 다녀오게 되었습니다. 꿈에 그리던 유럽으로요! 이동 시간을 빼면 고작 5일 뿐인데 우리는 무려 런던과 프라하를 다녀왔습니다. 동유럽과 서유럽을 오가다니, 지금 생각해보면 엄청 무모했던 것 같습니다.

2016년 9월, 이번엔 추석 연휴 기간 런던과 암스테르담으로 여행을 떠났습니다. 매서운 칼바람을

맞아가며 다녀온 지난겨울 여행에 비하면 가을 여행은
정말 따스하고 행복했습니다.

결혼 전부터 짊어져야 했던 가족의 빚, 결혼하며
생긴 집 대출, 거기에 좀처럼 줄어들지 않는 학자금
대출까지. 빚을 다 갚고 난 뒤에 여행을 가는 게 맞지
않을까 하는 생각을 안 해본 것은 아닙니다.
하지만 아무리 생각해봐도 그런 날이 그리 쉽게 올 것
같진 않았습니다. 더구나 우린 한 해씩 나이도 들 텐데
말이에요. 그래서 결단을 내렸습니다. 지금 여행을
떠나기로.

누구에게나 평범한 삶 속에서도 특별함은 저마다
다르게 가지고 있으리라 생각합니다. 나의 평범한
삶에서의 특별함은 남편이고, 남편과 함께하는 여행의
모든 순간입니다. 이 책은 그 특별한 순간 중, 한 여행의
순간을 담은 기록입니다.

2019년 2월, 다은.

서툰
여행자의
기록

빛이 생겼다

있다가도 없고, 없다가도 있는 것이 있다면 바로
돈과 시간이 아닐까? 하지만 30여 년 내 인생에 두 가지
모두가 충족되었던 적은 단 한 번도 없었다. 대학을 다니던
시절엔 시간이 많았지만 돈이 없었고, 졸업 이후 직장을
막 다니기 시작한 시절엔 돈을 좀 버는가 싶더니, 눈치를
보며 연차를 겨우 써야 하는 말단사원이라 시간을 낼 수
없었다. 대학 입학과 동시에 시작된 4천만 원이 넘는 학자금
대출, 짊어져야 했던 집안의 빚, 결혼 후엔 집 대출까지….
늘 허덕이는 일상의 연속이었다. 그것과는 별개로 대학
동기들이 유럽으로 배낭여행을 떠나는 것을 볼 때마다, 혹은
누군가가 유럽여행에서 담아온 사진을 볼 때마다, '나도
언젠가 유럽여행을 떠날 수 있는 날이 오겠지?'라는 생각을
마음속에 늘 품고 있었다. 내게 있어 '여행'은 그저 '언젠가

해보고 싶은 꿈'이었다.

그러다 내 마음에 불을 제대로 지핀 방송이 있었다.
바로 '꽃보다 할배'다. 열심히 일해온 노년의 배우들이
젊은(?) 짐꾼 배우와 함께 유럽으로 여행을 떠났다.
일반 여행자들보다 걸음이 조금 더디고, 챙겨야 할 약이
수두룩했지만, 배우들은 온전히 그 여행을 즐겼다. 즐거워
보이는 배우들의 모습을 보고 있으니 나 역시 입가에 미소가
번졌다. 그 미소를 잃고 싶지 않아 매주 금요일이면 그
방송을 어떻게든 꼬박꼬박 챙겨봤다. 어김없이 본방사수를
하던 어느 날, 내게 TV 속 신구 배우님은 방송에서 이렇게
말했다.

제일 부러운 건 청춘이야.
젊을 때 한껏 하고 싶은 일을 해야 할 것 같아.

아… 그렇지. 돈으로도 살 수 없는 것이 바로 청춘이지!
젊은 날 바쁘게 일하며 달려와 노년이 되어서 느긋하게
여행을 떠난 TV 속 배우들은 오히려 청춘을 부러워했다.

언제 가도 좋을 여행, 유럽

나는 열심히 일한 후에 혹은 빚을 다 갚은 후에 혹은
나이가 들어 남편과 내가 시간이 많아질 무렵에 떠날
여행을 머릿속으로 그려보았다. 하지만 아무리 머리를 굴려
생각해봐도 기약이 없어 보였다. 음, 그렇다면…? 방법은
하나! 지금 가는 것.

빚을 조금 더 천천히 갚더라도, 지금이 아니면 안 될
순간들을 놓치지 않는 것. 'You only live once(당신의 인생은 한
번 뿐이에요).' 이 문장이라면 지금의 내 마음을 대변해줄 것
같았다. '시간은 돈으로 살 수 없을 만큼 소중하다'는 말은
뻔한 말이지만 절대 부인할 수 없는 당연한 말이라는 걸
모두가 아니까.

여행 경비 중 가장 큰 비중을 차지하는 항공권과
숙박료를 카드로 결제한(빚이 더 생긴) 순간부터 우리의 여행은
시작되었다. 그렇게 우리에겐 또 다른 빚이 생겼다.

그럼에도 불구하고,
떠날 수 있는 용기

내 인생 첫 해외여행은 6년 전에 다녀온
신혼여행이었다. 형편이며 상황이며 이래저래 어려워서
신혼여행을 뒤로 미룰까도 했지만, 우리는 결국 차선책으로
가까운 일본으로 패키지여행을 다녀오기로 했다. 패키지
팀원들의 평균 연령대가 60세 이상이었던 그 여행에서
스물일곱의 다소 어린 나이에 결혼한 내게 쏠릴 관심과
시선은 내가 '어쩔 수 없이 감수해야 하는 것'이었다. 그때
나는 우리의 여행이 '신혼여행'이라는 사실이 알려진다면,
여행 내내 괜한 관심을 받을지도 모른다는 생각부터 들었다.
처음 만나는 그리고 앞으로 만날 일이 없는 어르신들께
구구절절 사연을 늘어놓는 게 싫었던 나는 '신혼여행'임을
당당히 말할 수 없었다(패키지여행이 어때서?라고 생각하겠지만, 그때
나는 그랬다.). 그렇게 나의 첫 해외여행이자 신혼여행이기도

19

했던 일본여행은 많은 이들에게 굳이 이야기하지 않는
'우리만 기억하는 여행'으로 남았다.

　유럽여행은 그저 꿈속에서나 가능할 것만 같았던 지난
어느 날, '지금이 아니면 안 될 것 같은 강한 신념' 덕분에
이듬해 2015년 2월, 결혼한 지 3년 만에 제대로 된(?)
신혼여행을 떠나게 되었다. 그토록 가고 싶었던 런던 그리고
'신혼여행의 성지'라고 불리는 프라하까지. 마음대로 휴가를
낼 수 없었던 우리는 마침 주말과 설날 연휴를 이용해 4박
6일이라는 짧은 기간 동안 생애 첫 유럽여행을 다녀오게
되었다.
　첫 유럽여행에, 게다가 비행기에 타고 있는 시간을
제외하면 일주일도 채 되지 않는 시간인데, 패기 있게 두
나라를 모두 갈 생각은 도대체 어떻게 했던 건지.
지금 돌이켜보면 그때의 여행은 꽤 비효율적이고 무리였다.
하지만 그 여행을 시작하지 않았더라면 어쩌면 내 인생에
'여행'이란 두 글자는 없었을지도 모르겠다.

　수많은 여행자는 말한다. '여행은 첫 시작이 어려울

언제 가도 좋은 여행, 유럽

뿐, 한 번 다녀오고 나면 그다음부터는 훨씬 쉽게
다가온다'라고. 그들이 이야기하는 '쉽다'는 말은 아마도
'여행을 대하는 마음가짐'을 의미하는 것이 아닐까?
큰마음 먹고 다녀온 여행을 통해 내가 얻은 건 그럼에도
불구하고 떠날 수 있는 '용기'였다.

생애 처음,
에어비앤비

여행을 준비하며 가장 고심했던 부분은 런던에서 6일 동안 묵을 숙소를 정하는 것이었다. 언젠가 '여행은 살아보는 거야'라는 문구의 에어비앤비 광고를 보고 기회가 되면 꼭 에어비앤비를 통해 숙소를 정해보리라 늘 마음먹었었는데 그 기회가 찾아온 것이다. '여행은 살아보는 것'이라는 문장만 봐도 벌써 여행의 설렘을 가져오는 듯했다.

숙소를 검색하기에 앞서 나는 작년에 처음 런던을 여행했을 때 묵었던 '사우스켄싱턴' 지역을 떠올렸다. 그곳은 깨끗하고 조용했다. 게다가 공항에서 한 번에 가기 편했던 곳이라 기억에 많이 남아 있었다. 나는 에어비앤비 웹사이트에서 숙소 검색 범위를 '켄싱턴 지역'으로 한정해 놓은 다음 머릿속으로 짜놓은 예산과 기준을 생각해가며 그 지역의 숙소들을 하나둘씩 훑었다.

　나의 에어비앤비 숙소 선택 기준

　1. 셀프 체크인이 가능한 곳

　　집주인을 만나 열쇠를 건네받아야 하는 불편함도

　　있지만 사실 외국인과의 대화가 두려웠다.

　2. 엘리베이터가 있는 곳

　　묵직한 캐리어를 들고 계단을 오르기란….

　3. 예산은 **100만 원 미만일 것**(가장 중요★)

　　런던의 숙소는 생각보다 비싸다.

　며칠 내내 검색해가며 비교한 끝에 수많은 선택지
중 3가지 모두를 만족하는 숙소를 겨우 찾아냈다. 좀 더
정확히는 3가지를 모두 절충해서 그런대로 만족할 만한
숙소를 정한 셈이다.

　숙소를 예약하기 위해서는 호스트 그러니까 숙소를
에어비앤비에 등록해 놓은 숙소 주인의 승인이 있어야
했다. 예약하고자 하는 숙소의 숙소 이용규칙 확인과
결제 정보, 그리고 호스트에게 보내는 메시지와 함께

.
에어비앤비 사이트에 등록된
숙소 사진

'예약요청'을 보내면 대부분은 별문제 없이 승인된다.
하지만 인증 과정에서 때에 따라 예약이 거절되는 경우도
가끔 있다는 글을 웹서핑 중에 읽었던 게 불현듯 기억났다.
한참 검색해서 겨우 찾은 숙소인데 혹시나 예약을 거절하면
어쩌나 싶었다.

나는 어떻게 하면 최대한 친절하고 명확하게 내 의사를
전달해 승인을 얻을 수 있을까 한참을 고민했다. 그러다
에어비앤비 사이트에 소개된 숙소 내부 사진에서 우리 집에
있는 테이블과 같은 테이블이 놓여 있는 것을 발견했다.
어떻게 하면 예약 승인을 받을 수 있을까 하고 고민에
빠졌던 나는 어설픈 영어 문장으로 호스트에게 예약요청을
보냈다.

> '우리 집에도 당신 집에 있는 테이블과 같은 것이
> 있어요! 그래서 그런지 왠지 우리 집처럼 편안할
> 것 같은 느낌이 들어요. 가능하다면 꼭 당신의 집에
> 머물고 싶어요. 가능할까요?'

다소 엉뚱한 논리였지만 호스트인 마이클은 의외로

몇 가지 형식적인 질문만 하고는 곧바로 나의 예약요청을 승인해주었다.

휴, 안도의 한숨이 절로 나왔다. 이제 숙소에 가서 에어비앤비 광고에 나왔던 것처럼 그곳에 가서 살아보는 일만 남았다! 매일 아침 창밖을 바라보며 모닝커피를 마시며 여행의 하루를 시작하는 모습, 관광을 마치고 돌아오는 길에 현지 마트에서 사 온 재료들로 저녁을 준비하고 남편과 함께 느긋하게 식사를 즐기며 하루를 마무리하는 모습….

광고에 비쳤던 모습이 조만간 우리에게 펼쳐질 거란 생각에 들뜬 마음이 좀처럼 가라앉지 않았다.

욕심
부리는
여행

추워요?
밖은 30도가 넘는데

항공권 예약, 외항사 이용, 숙소 정하기 등 하나부터 열까지 모두 직접 준비하기는 이번이 처음이었다. 시간과 돈에 너무 얽매이지 말고 자유롭게 살기로 다짐했지만 마음 편히 직항을 이용하기엔 금액이 너무 비쌌다. 아낄 수 있는 부분에서 아끼는 건 지극히 당연한 일이었다. 런던으로 가는 여러 항공사와 경유지, 금액 등을 수없이 비교해가며 고민한 끝에 우리는 '에미레이트 항공'을 이용하기로 했다.

우리가 탄 비행기는 인천 국제공항을 출발해 두바이를 경유, 런던으로 가는 밤 비행기였다. 밤 11시 30분, 두근거리는 마음으로 비행기에 탑승했다. 배게 냄새만 맡아도 곯아떨어지는 나에게도 앉은 채로 잠을 자는 건 시간이 필요한 일이었다. 처음엔 시차 적응을 하겠다고 비행기에 타자마자 억지로 잠을 청했지만, 기내 온도가

낮아 잠이 쉽게 오지 않았다(나중에 알고 보니 대부분 밤 비행기
기내 온도는 낮은 편이라고). 옆에 앉은 남편은 비행기가 뜨고
난 후부터 계속해서 '춥다'고 했다. 웬만해선 추위를 타지
않는 남편인데. 그러고 보니 긴 셔츠를 입고 있던 나와 달리
남편은 겨우 반소매 티셔츠 한 장만 입고 있었다. 지난 첫
유럽여행 때는 겨울이라 옷을 잔뜩 입고 있어서 기내가
이렇게 추우리라곤 생각지도 못했는데…. 맙소사.
좌석마다 비치되어 있던 담요 한 장으로 긴 비행시간을
견디기엔 아무래도 힘들 것 같았다. 혹시라도 여분의 담요를
얻을 수 있지 않을까 싶어 승무원에게 요청했지만, 만석이라
여유분이 없다는 답변밖에 들을 수 없었다. 어쩔 수 없이
남편은 온몸을 담요로 덮고 얼굴만 빼꼼 내민 채, 경유지인
두바이까지 오들오들 떨면서 가야 했다.

　　두 번인가 세 번인가의 기내식을 먹으며 담요와 거의
혼연일체가 된 상태로 9시간을 보낸 후인 새벽 4시 반,
경유지인 두바이에 도착했다.

　　"아무래도 긴 셔츠든 외투든 뭐라도 사 입어야겠어."

　　환승 통로를 나오자마자 남편이 나에게 말했다. 추위도
추위지만 혹시 이러다 자신이 감기라도 걸려 앞으로 있을

여행에 지장이 생길까 봐 서두르는 말투였다.

우리는 우선 공항 내 면세점 '패션' 코너로 향했다.
하지만 이곳에는 온통 평소에 잘 사 입지 않는(살 수도 없는)
브랜드들뿐이었다. 그나마 가장 무난해 보였던 라코스테
매장은 옷들이 전부 특대형 사이즈뿐이라 남편에게 맞지
않았다.

무슨 옷들이 왜 이렇게 크냐며 한숨을 쉬며 매장을
나와 또 다른 매장을 돌아다니다 우연히 '50% SALE'이라고
큼지막하게 적힌 폴스미스 매장을 발견했다. 우리 수준에
폴스미스 브랜드는 분명 명품이었지만 그래도 혹시나 해
매장 안에 들어가 맞는 옷이 있는지 찾아보았다. 다행히
사이즈도 색상도 무난한 재킷이 보였다. 남편이 입어보니
사이즈도 딱 맞았다. 자, 그럼 이제 문제는 가격. 슬쩍
가격표를 확인해보니 우리나라 돈으로 약 20만 원 정도.
우리에겐 다소 비싼 금액이었지만 선택의 여지가 없었다.

"좋다! 구매!"

계획에 없던 지출이어서 난감했지만, 사실 남편은
은근 좋아하고 있었다(남편의 큰 그림인가?).

우리는 옷을 들고 그대로 계산대로 향했다. 주변을

스쳐 가는 공항 내 모든 사람은 반소매 혹은 민소매 티셔츠
차림이었지만, 제법 두툼한 재킷을 사는 우리나 그걸
계산하는 점원이나 괜히 서로 민망하긴 마찬가지였다.
우리에게서 옷을 건네받은 점원은 택을 확인하더니 "You are
lucky"라며, 기본 50% 할인에서 마지막 하나 남은 상품이라
20% 추가 할인이 되었다며 '엄지 척'을 하는 게 아닌가!
이 새벽에 무엇보다 더운 이 나라에서 도대체 누가 이런
두툼한 재킷을 사겠냐만 어쩐지 이 옷은 원래부터 남편
옷이었던 것만 같았다. 그렇게 우리는 원래의 가격보다
무려 70%나 할인된 금액으로 재킷을 살 수 있었다. 옷을
쇼핑백에 담아주려는 점원에게 입고 갈 거니 쇼핑백 없이
그냥 달라고 말했더니 의아하다는 듯 점원은 웃으며 답했다.

　"추워요? 밖은 30도가 넘는데요."

　아, 맞다. 여기 두바이였지. 그제야 이곳이 두바이임을
실감했다.

　내내 걱정했던 문제가 해결되니 긴장이 풀렸는지
피곤함에 잠이 몰려왔다. 우리는 공항 내 COSTA 커피숍에
앉아 커피와 도넛으로 몽롱한 정신을 붙잡았다. 3시간이

넘는 긴 대기 시간 동안 우리는 두바이에 떠오르는 태양을 바라보며 아침을 맞았다. 길고 긴 기다림 끝에 탑승 시간이 다가왔고 우리는 두바이에서 다시 7시간을 날아가, 드디어 런던에 도착했다.

What is your purpose in London?

Have you been to London before?

How long do you staying?

What is your next destination?

_____ **For travel.**

_____ 2 years ago.

_____ 5 days.

_____ **Amsterdam!**

영어 듣기 평가

히스로공항에서 탄 피커딜리 라인 튜브가 지하를 뚫고 지상으로 올라와 한참을 달리는데 하늘에서 빗방울이 떨어지기 시작했다. 첫날부터 비…. 런던은 반갑지만 내리는 비는 영 반갑지 않았다. 튜브를 탄 지 40여 분만에 드디어 사우스 켄싱턴 역에 도착했다. 우리는 피곤함을 이끌고 겨우겨우 숙소를 찾아갔다.

우리가 예약한 숙소는 1층 프런트에서 열쇠를 받아갈 수 있는 레지던스였다. 나는 프런트에 있는 여직원에게 마이클이 일러준 대로 내 이름을 말했다. 그런데 웬걸, 그 여직원은 내 말을 당최 못 알아듣는 눈치였다.

'내 영어 발음이 그렇게 형편없나?'

내 말을 못 알아들었다는 생각에 그때부터 긴장이 된 나는 잔뜩 주눅이 들었다. 마음을 가다듬고 다시 한번 내

이름을 말했다. 하지만 그녀는 내 말을 여전히 알아듣지
못했다. 머릿속으로 미리 체크인하는 상황을 그렸을 때는
프런트에서 이름을 말하고 열쇠를 건네받은 후, 방 호수를
찾아가기만 하면 되는 거였는데. 단지 열쇠만 받으면 되는
건데…!

예상치 못한 시나리오에 머릿속이 온통 하얘졌다.
그 순간 나의 첫 번째 영어 듣기 평가가 시작되었다. 안
그래도 긴장돼 죽겠는데 그녀의 말은 빠르기까지 해서 더
알아듣기가 힘들었다. 나는 신경을 있는 대로 곤두세우고
그녀의 입을 뚫어져라 쳐다보며 귀를 쫑긋 세웠다.
입 모양으로라도 그녀가 하는 말을 알아듣고 싶었다.
생존(?)을 위한 고도의 집중력이 발휘되는 순간이었다.
하지만 피곤함과 긴장감이 가득한데 잘 들릴 턱이 없었다.
나는 이름도 말해보고 휴대폰으로 에어비앤비 예약
내역을 보여주기도 해보고 숙소 주인 마이클의 이름도
말해보았지만, 그녀는 계속해서 다른 정보를 원하는 것
같았다.

내가 뭘 말하지 않았지?

아, 방 호수!

왜 나는 그 생각을 못 했을까. 아니, 애초에 마이클이 프런트에 가면 내 이름과 키를 갖고 있을 거라고 했던 말만 철석같이 믿고 있었던 게 잘못이었다. 물론 영어 앞에 쪼그라든 나의 자신감 때문이기도 했지만 우리의 방 호수인 '487호'를 말하니, 그녀는 그제야 환하게 웃으며 열쇠를 건네주고 체크인을 했다는 서명란에 사인을 해줄 것을 요청했다. 드디어 해결됐다는 안도감에 웃으며 사인을 했지만 사실 등에선 식은땀이 주르륵 흐르고 있었다.

남편의 취향

자연사 박물관
The Natural History Museum

숙소에 들어와 짐을 어느 정도 정리한 우리는 숙소 가까이에 있는 '자연사 박물관'으로 가기 위해 나갈 채비를 했다. 비가 오니까 우산 그리고 여권, 돈, 카메라.

토요일 오후 3~4시의 자연사 박물관 앞은 그야말로 아이들 천국이었다. 비가 추적추적 내리고 있었지만, 박물관에 온 아이들에게 비는 그리 중요하지 않아 보였다. 북적이는 아이들 틈에 줄 서서 20여 분을 기다린 우리는 간단한 소지품 검사 후 박물관 안으로 들어갔다.

제일 먼저 거대한 공룡 화석이 보였다. 공룡 화석은 바글바글한 사람들 틈에서 더욱 눈에 띄었다. 높은 층고 끝까지 뻗어 올라 서있는 공룡은 더없이 웅장했다. 엄청난 규모에 남편은 나보다 더 놀라고 흥분한 눈치였다.

사실 이번 여행지를 결정하는 것은 대부분 내 위주였다.

언제나 나에게 로망인 도시 런던 그리고 내가 좋아하는
화가 '빈센트 반 고흐'가 태어난 나라 네덜란드. 여행하는데
필요한 모든 주도권은 항상 나에게 있었다. "가고 싶은
곳 없어?"라는 물음에 "네가 가는 곳이 내가 가고 싶은
곳이야"라며 한결같이 대답하는 남편. 나는 그래도 함께하는
여행인데 왠지 내 마음대로만 하는 것 같아 미안한 마음이
들어 몇 번이고 묻고 또 물어 어떻게든 남편에게서 답을
얻어내려 애썼다. 그렇게 계속된 질문에 남편이 조심스레
이야기했던 곳이 바로 '자연사 박물관'이다. 다른 전시물은
간혹 한국에 들어와 전시할 수 있다고 해도 이렇게 큰
공룡 화석을 직접 가지고 올 수는 없는 노릇일 테니 공룡
화석이야말로 이곳에 와야만 볼 수 있는 특별한 전시물일
것이라는 게 그의 이유였다.

우리는 박물관 곳곳을 한참 구경했다. 비록 곳곳에 있는
설명글을 해석하려다 금세 지쳤지만 그저 눈으로 구경하는
것만으로도 흥미를 느끼기엔 충분했다.
하지만 체력을 무시한 채 도착하자마자 바로 관광을
한 건 어리석었다. 장시간 비행으로 쌓인 '피로'와 런던에

도착했다는 '설렘'이 서로 내내 싸우다가 결국 설렘이 피로에 패하고 말았다. 피로에 지고 만 우리는 박물관에서 나와 마트에서 간편히 손질된 과일 한 팩을 사 들고 숙소로 들어왔다. 첫 끼는 원래 여행지 음식을 먹어줘야 하는 건데…. 아무래도 첫날부터 무리한 것 같았다. 저녁을 먹으러 어디 나갈 힘도 없던 우리는 좀 전에 사 온 과일 한 팩과 한국에서 가지고 온 컵라면을 먹은 후에야 겨우 정신을 차릴 수 있었다. 너무 졸리고 힘들어서 소파에 반쯤 드러누운 남편과 침대에 쓰러지듯 엎어져 버린 나. 우리는 첫날부터 너무 미련하게 돌아다녔다며 서로를 보며 허탈하게 웃었다. 우리의 여행은 도착한 첫날부터 욕심부리는 여행이 되고 말았다.

때로는 부지런함이
통하지 않을 때가 있다

브릭 레인 마켓
Brick Lane Market

밤 9시 전에 기절하다시피 잠들었던 우리는 다음날 꼭두새벽에 눈을 뜨고 말았다. 새벽 5시 반. 제.대.로. 시차 적응 실패였다. 이상하게 따끈한 국물이 생각나는 아침, 한국에서 챙겨온 누룽지를 끓여 대충 아침을 차리며 남편에게 오늘의 일정을 브리핑했다.

"오늘은(일요일에만 연다는) 브릭 레인 마켓을 갈 거야. 아침 10시부터 연다니까 일찍 일어난 김에 조금 일찍 움직여보자"

"그다음은?"

"근처에(또 일요일에만 연다는) 플라워 마켓이 있대. 거기 들렀다가 버스를 타고 세인트 폴 대성당으로 갈까 해. 그리고…(생략)…."

모든 일정 브리핑을 성공적으로(?) 마치고 아침을

든든히 먹은 후 서둘러 브릭 레인 마켓으로 향했다. 9시가 되기도 전에 마켓에 도착했다. 평소엔 찾아보기 어려운 자발적 부지런함이었다. 하지만 우리의 이런 부지런함을 마켓을 여는 사람들은 알아주지 않는 듯했다. 이른 아침 브릭 레인 마켓 거리의 풍경은 새들이 지저귀는 소리를 들으며 각자의 가게를 열기 위해 하나둘씩 나오는 사람들 모습뿐이었다.

"아무래도 우리 너무 일찍 왔나 봐"

내가 생각한 풍경은 이런 게 아니었는데. 너무 부지런해서 문제였다(직원들보다도 더 부지런히 움직였으니 말 다했지.). 브릭 레인 마켓은 젊은 예술가들의 작업실이 곳곳에 있어 런던의 젊은이들이 많이 모이는 거리로, 한국의 홍대 앞과 비슷하다고 들었는데 그런 모습은 보이지 않았다. 물론 사람마다 느끼는 관점이 달라서 그렇겠지만, 맛과 멋이 있는 동네는커녕 어딘지 모르게 낯설고 으슥한 느낌의 동네였다. 어디까지나 순전히 내 느낌일 뿐이었다.

굳게 닫힌 가게 문들을 바라보며 조금 더 가면 뭐가 더 있겠지, 문이 곧 열리겠지 생각하며 막연하게 걷고 있는데, 가이드북에서 봤던 가게 하나가 눈에 들어왔다. 그곳은

24시간 문을 여는 '베이글 베이크(Beigel Bake)'였다. 아침을 두둑하게 먹고 나오긴 했지만 우리는 마침 문 연 곳도 딱히 없고, 온 김에 베이글 하나쯤 맛이나 볼까 싶어 냉큼 가게로 들어갔다.

가게 안은 손님이 없어 조용한 데다가 직원들은 무슨 안 좋은 일이라도 있는지 표정이 심드렁해 보였다. 그냥 나갈까 하다가 어차피 갈 곳도 없으니 우리는 이곳에서 잠시 시간을 보내볼 요량으로 '크림치즈 연어 베이글'과 '버터 베이글'을 주문했다. 표정 없는 무서운 얼굴로 주문을 받은 여직원은 사나운 표정을 유지한 채 이미 몸에 밴 듯 베이글을 반으로 잘라 하나는 크림치즈를 쓱쓱 발라 연어를 사이에 끼워 넣고 다른 하나는 버터를 바른 다음, 종이봉투에 담아 우리에게 건네주었다.

다행히 베이글 맛은 괜찮았다. 1.9파운드에 이 정도면 훌륭했다. 어쩌면 그 가격만큼의 맛이었는지도.

9시 30분이 넘어서자 가게들이 하나둘 문을 열기 시작했다. 그래도 아직 문 연 곳보다는 준비 중인 곳이 훨씬 더 많았다. 공식적인 개장 시간이 30여 분 남긴 했지만 북적이는 마켓의 분위기를 느끼려면 적어도 1시간 이상은 더 있어야 할 것 같았다. 도대체 마켓이 뭐라고.

　"여기서 마냥 기다릴 수 없으니 대신 플라워 마켓을 갔다가 내려오는 길에 다시 들러보자."는 남편의 말에 나는 고개를 끄덕였다. 우리는 브릭 레인 마켓에서 플라워 마켓으로 발걸음을 옮겼다.

　기회가 쉽게 찾아오지 않을수록 그 간절함으로 얻어낸 기회에 따른 부지런함은 평소보다 배가 되기도 한다. 특히나 여행에서는 더욱 그렇다. 이번 여행에서 나는 간절함의 크기만큼 지나치게 부지런을 떨었다. 하지만 부지런히 움직여 아무리 열심히 계획을 세운다 한들, 그 계획이 반드시 그대로 실현된다는 보장은 없는 법. 때로는 부지런함이 통하지 않을 때가 있다. 그럴 때마다 필요한 건, '아쉬워도 어쩔 수 없지 뭐' 하는 심정으로 쿨하게 넘길 줄 아는 여유로운 마음.

54

꽃으로 주말을 여는 사람들

콜롬비아 로드 플라워 마켓
Columbia Road Flower Market

구글맵 없이는 찾아가기 쉽지 않을 만큼 거리는
비슷비슷했다. 길을 걷다 보니 신문지에 둘둘 말린 꽃다발을
한 아름 들고 가는 사람들이 보였다.

"이 근처구나!"

나는 구글맵을 보느라 손에 쥐고 있던 핸드폰을
주머니에 넣어두고 우리와 목적지가 같은 사람들로 보이는
이들의 발걸음을 무작정 따라갔다. 분명 같은 곳으로 가는
것이라 직감했다. 사람들의 발걸음이 멈춰서기 시작한
곳. 그 끝에 북적이는 풍경이 눈앞에 나타났다. 이제야
진짜 마켓에 온 기분이 들었다. 다소 황량해 보였던 브릭
레인 마켓에 비해(너무 일찍 가서…) 플라워 마켓은 북적이는
사람들의 모습이 제법 정겹기까지 했다.

마켓은 온통 알록달록한 수백 가지의 꽃과 꽃에서부터

퍼져나오는 다양한 향기 그리고 그 꽃들을 사고파는 사람들로 가득했다. 여행자가 되어 하루 중 잠깐의 일정으로 이곳에 온 나와 달리, 이른 아침부터 이곳에 온 사람들은 마치 매주 겪는 일상 같아 보였다. 어쩌면 그들의 다이어리엔 '주말에 해야 할 일' 목록에 '꽃시장 가기'가 가장 첫 번째로 적혀 있지 않을까? 일요일 아침마다 마켓에 나와 꽃향기를 맡으며 한 주를 시작하는 모습이 왠지 따뜻하고 낭만적이었다.

특별한 날이 아니고서야 꽃을 사는 일이 거의 없는 나에게 이들의 모습은 신선하게 다가올 수밖에 없었다. 꽃은 그저 '특별한 날을 기념하기 위해 존재하는 것'이라는 생각이 무의식중에 자리 잡고 있었는데 이들은 꽃 한 송이의 존재 자체에도 특별함을 더하고 있는 듯했다. 비록 일주일에 딱 한 번 열리는 마켓일지언정 그들에게 꽃은 그저 향이 나고 예쁜 식물이 아닌 마치 일주일의 행복을 가져다주는 선물이자 설레는 일상을 만들어주는 마법과도 같은 꽃이 아닐까?

판매하는 사람이나 구매하는 사람이나 할 것 없이

이곳에 모인 사람들은 꽃을 정말 사랑스럽게 바라보고 있었다. 마치 사랑하는 사람에게 꽃을 선물할 생각으로 행복해하는 표정 같았다.

작은 것에서부터 행복을 만들어 가는 사람들, 잔뜩 멋을 부려 포장이 화려한 꽃다발보다는 무심한 듯 신문지에 둘둘 말린 꽃 한 송이의 진짜 매력을 그들은 너무나도 잘 알고 있었다.

Columbia Road
Flower Market

61

전망대에 오르다

세인트 폴 대성당
St Paul's Cathedral

9월 런던 햇살은 분명 따사로웠지만 나는 남방에
카디건까지 입었는데도 싸늘하게 느껴졌다. 여행을 떠나기
바로 전날까지 캐리어에 재킷을 넣을지 말지 한참을
고민하다 그냥 놓고 온 것을 후회했다. 그나마 챙겨온
스카프가 있어서 정말 다행이었다. 지나가는 민소매 차림의
몇몇 외국인들과 상당히 대조적이었지만 나는 아랑곳하지
않고 스카프를 목에 칭칭 감았다.

세인트 폴 대성당의 모습은 사진 속에서 봤던 대로
역시 웅장했다. 일요일에는 원래 전망대 관람만 가능하지만
미사에 참여하면 그 동안에는 앉아서 성당 내부를 관람할
수 있다고 했다(2016년 9월 기준, 현재 일요일에는 전망대에 올라갈 수
없다). 하지만 이미 예배는 시작한 후였다. 우리는 중간중간
출입이 가능한 시간까지 기다린 후, 조심스럽게 성당 안으로

들어갔다. 마침 웅장한 성당을 배경으로 성가대의 찬송가 소리가 천장에 맞닿아 은은하게 퍼져 흐르고 있었다.

"여기서 예배드리면 없던 믿음도 생길 것 같아."

나는 옆에 있는 남편에게 조용히 말했다. 이렇게 있으니 희미해진 믿음을 되찾을 수 있을 것만 같았다.

예배당 맨 뒤에 서서 고개를 들어 넋 놓고 내부를 구경하던 우리는 성가대 찬송이 끝나자마자 예배당을 조용히 빠져나와 세인트 폴 대성당 전망대를 오르기로 했다. 보통 전망대라면 엘리베이터를 타고 올라가는 게 일반적일 텐데 엘리베이터가 없는 걸 보니 그리 높지 않겠구나 싶었다(하지만 실제로는 100m가 넘는 높이에 528개의 계단이 있는 엄청 높은 곳). 우리는 전망대의 경관을 머릿속으로 상상하며 가운데 원형 기둥을 중심으로 낮고 넓게 이어진 계단을 웃으며 걸어 올라갔다. 하지만 점점 다리가 후들거리고 숨이 차기 시작하더니 나중에는 웃기는커녕 서로 대화도 하지 않은 채, 어서 계단의 끝이 보이기만을 바랐다. 계단으로 내려오는 사람들의 해맑은 미소와 달리 우리의 표정이 점점 굳어져갈 때, 계단 바깥쪽으로 벤치가 보였다. 아마도 우리 같은 관광객들의 마음을 알고 마련해둔 것 같았다.

우리는 벤치에 잠깐 앉아 숨을 고르기로 했다. 가빠진 숨만큼 달아오른 체온에 나는 목에 둘렀던 스카프를 풀고 소매를 걷어 올렸고, 남편은 입고 있던 재킷을 벗어 가방에 넣었다. 얼마 전까지의 추위는 온데간데없었다.

"자 이제 다시 올라가 보자!"

전망대 위로 올라가면 분명 엄청난 경관이 펼쳐져 있을 것이란 강한 믿음으로 우리는 다시 힘을 내어 종착지를 향해 걸어 올라갔다. 525, 526, 527, 528… 드디어 성당의 가장 꼭대기인 골든 갤러리 전망대에 도착했다.

전망대의 폭은 한 명씩 겨우 지나갈 수 있을 정도로

매우 좁았지만, 내려다보이는 풍경은 런던 시내가 끝없이
펼쳐지는 그야말로 장관이었다. 저 멀리 영화 속에 자주
보이던 런던의 금융가도 옹기종기 보이고 런던 아이, 타워
브리지 등 런던 곳곳의 명소가 한눈에 펼쳐졌다. 화창한
날씨 덕분에 사진보다 더 뚜렷한 풍경을 볼 수 있었다.

어느 곳을 가든 전망대에서만 느낄 수 있는 매력이
있다고 믿는다. 그런 면에서 힘들게 올라간 정상에서 보이는
풍경이 등산객들을 또다시 산으로 부르게 만드는 걸까?
등산을 좋아하지 않는 나였지만 정상에서의 풍경을 보니
등산을 즐기는 사람들의 마음을 조금은 알 것 같았다.

'역시 올라오길 잘했어.'

고생 끝에 맛보는 풍경이어서 더 그랬을까?
우리는 왠지 모를 벅차오르고 흥분되는 감정이 쉽게
사그라지지 않아 한참을 전망대 위에 있었다. 올라올 때의
그 힘듦이 금세 잊혔다. 아니, 그 풍경 앞에서는 잊힐 수밖에
없었다.

TATE
MODERN
CAFE

운이 좋게 가장 인기 있는
창가 자리에 바로 앉은 우리.
문득, 우리의 인생에
유럽여행이라곤 상상도 못 할
일이라고만 생각했는데
이렇게 전망 좋은 카페에 앉아
있다는 사실이 새삼 신기했다.

우리는 앞으로도
우연하게 찾아오는 행복을
마음껏 즐기기로 했다.

**오히려
다행이야**

테이트모던에서 한참 있다가 마지막으로 타워브리지를
가까이 가서 보고 숙소로 돌아가기로 했다. 타워브리지는
숙소에서 가장 먼 곳에 있었기에 이렇게 가지 않으면 이번
여행에서는 보기 힘들 것 같아서였다. 좀 더 정확하게는
스카이가든을 가지 못하는 것에 대한 아쉬움을 달래고자
하는 마음이 더 컸다. 스카이가든은 입장료가 없지만 반드시
사전예약을 해야만 입장이 가능했다. 방문일을 기준으로
2주 전부터 예약을 할 수 있는데, 안타깝게도 우리는 그
타이밍을 놓쳤다. 만약 예약에 성공했더라면 오늘 밤엔
스카이가든에 올라가 타워브리지를 비롯한 런던의 야경을
마음껏 바라볼 수 있었을 텐데….

테이트모던에서 나온 우리는 템스강을 따라
타워브리지가 가까이 보일 때까지 줄곧 걸었다. 템스강

옆으로 길게 이어진 거리엔 온통 사람들로 가득했다.
템스강을 배경으로 사진을 찍는 사람들, 가족끼리 주말
산책을 나온 사람들, 거리 곳곳에 늘어선 마켓, 버스킹
그리고 이 모든 걸 보고 즐기는 사람들….

순간의 행복을 즐기는 사람들로 가득한 거리를 걸으니
스카이가든을 가지 못하는 아쉬움이 점점 사라져갔다.
사람들의 즐겁고 행복한 모습이 나에게 그대로 전달되는 것
같았다. 우리는 2km를 힘들지 않게 걸었다. 그 거리가 전혀
길게 느껴지지 않았다.

만약 계획대로 스카이가든 예약에 성공했더라면
어땠을까? 그랬다면 오히려 이른 아침부터 저녁까지 종일
밖에서 시간을 보내야 했을 텐데…. 과연 우리의 체력이
그때까지 버틸 수 있었을까? 오히려 점점 누적되는 피로에
어쩌면 '어차피 무료였으니 예약을 취소하고 야경은 꼭
거기서 보지 않아도 된다'며 스스로 합리화해 버렸을
것이다. 눈앞에 보이는 장면 하나하나가 지금 이렇게 걷지
않았으면 그저 스치는 풍경에 그쳤을 것이라는 생각을 하니
때를 놓쳐 예약에 성공하지 못한 것도 오히려 다행이라는
생각이 들었다.

여행만
가면 생기는
이상하고
신비한 힘

여행 준비는 주로 내가 한다. 그래 봐야
숙소를 정하고 대충의 동선을 짜는 것이
전부이긴 하지만. 남편의 역할은 나의 계획에
적극적으로 동조해주며 필요한 순간에
제어해주는 일. 내가 여행 준비를 위해 이것저것
틈틈이 찾아볼 때마다 남편은 옆에서 늘 '너무
욕심부리지 말라'고 늘 강조한다. 입으로는
항상 알겠다고 대답하지만 정신을 차리고 보면
이미 노트엔 가보고 싶은 곳이 빼곡히 적혀있기
일쑤다.

미술관이며 식당, 카페에서부터 남들이
추천하는 곳까지 가든 못 가든 일단 모두
적어놓고 본다. 정해져 있는 시간은 한정적이고
내 몸뚱이 역시 하나뿐인 걸 알면서도 처음
계획을 세우는 그 순간 나는 현실을 파악하지
못한 채 여행지에서의 위시리스트를 가득
채워나간다.

사실 '느긋한 여행', 혹은 '일상이 되는
여행'이라는 말은 아직 나의 여행 스타일엔 맞지

않는 사치다. 아마도 여행을 수십 번쯤 다녀오고
난 다음에야 이 말들이 진정으로 내 여행에
녹아들지 않을까? 근데 욕심부리는 여행이면
어때? 그렇다고 해서 내 여행이 잘못된 것은
아니잖아. 여행에 정답은 없는걸.

이렇게 욕심 가득한 계획을 세운 채 여행을
떠나면 평소에 없던 체력이 저절로 생겨난다.
여행만 가면 생기는 이상하고 신비한 힘이다.
평소에 하루에 만 보만 걸어도 다음날 안 쑤시는
곳이 없을 정도로 체력이 바닥나는 내가 여행만
가면 이만 보는 거뜬히 걷는다.
남편은 이런 나를 보고 마치 7살 난
어린아이 같다고 했다. 마냥 노는 것이 즐거워
이미 체력은 한참 전에 바닥이 났는데도 그
사실을 전혀 인지하지 못하고 계속 놀다가
코에서 코피가 흐르고 나서야 울며불며 그제야
정신을 차리는 아이들 모습 말이다. 절대 그런
게 아니라고 말은 하지만, 이번 여행 후 나에게
닥칠 후유증을 사실은 누구보다 잘 알고 있다.

언제 가도 좋을 여행, 유럽

아, 그렇다면… 여행만 가면 생기는 이상하고
신비한 힘이란 건 애초에 존재하지 않는 힘인
건가.

계획대로
되지
않더라도

진정한 런더너는
우산을 쓰지 않는다(?)

빅벤, 런던 아이, 웨스터민스터 브릿지
Big Ben, London Eye, Westminster Bridge

다음 날 아침, 우리는 어제와 비슷한 아침을 챙겨
먹고 서둘러 나왔다. 숙소를 나올 때만 해도 분명 화창한
날씨였는데, 웨스트민스터 역에 도착해 개찰구로 올라와
보니 높은 빅벤 너머엔 하늘이 온통 구름으로 뒤덮여
있었다. 과연 런던의 날씨는 변화무쌍했다.

"비가 오려나…."

혹시라도 비가 떨어질까봐 노심초사하는 우리와는
달리 주변 사람들은 그러거나 말거나 빅벤을 바라보며
사진을 찍는 것에만 집중하고 있었다. 비록 웨스트민스터
사원은 공사 중이라 일부가 천막으로 가려져 있었지만
50mm 단렌즈로는 한 번에 다 담을 수 없을 만큼 그 규모는
어마어마했다. 우리도 이곳에 있는 다른 여느 관광객들 처럼
한 번은 빅벤을 그리고 또 한 번은 런던아이를 배경 삼아

각자의 모습을 사진으로 남겼다. 한참을 서서 만족스러운
인증샷을 남긴 우리는 스마트폰으로 '시티맵퍼(citymapper,
여행자들에게 유용한 내비게이션 앱)' 앱을 열어 다음 장소인 버로우
마켓으로 가는 교통편을 검색했다.

"비 오는데?"

런던아이 방향으로 웨스트민스터 브리지를 건너가고
있을 무렵, 갑자기 빗방울이 한두 방울씩 떨어지기
시작했다. 아까 도착했을 때 보았던 빅벤 너머의 구름이
마치 우리를 따라오기라도 하는 듯 비와 함께 다리를
건너오고 있었다. 우리는 빠른 걸음으로 다리 끝자락 1층에
있는 프레타망제(Pret A Manger, 런던의 샌드위치 가게) 앞에 잠시
피신했다. 비는 금세 그칠 것 같지 않았다. 한두 방울씩
떨어지는 비였지만, 그 빗방울은 생각보다 굵었다.

하지만 지나가는 사람들은 굵은 빗방울에도 아랑곳하지
않고 우산도 없이 그저 각자의 길을 걸어가고 있었다.
나 역시 '이 정도 빗방울 따위야'하며 마음은 그들처럼
'런더너'가 되어 아무렇지 않게 걸어가고 싶었다. 그러나
새로 산 카메라 때문에 현실은 그러지 못했다. 남편
카메라는 생활방수 기능이 있었던 반면, 내 카메라는

애석하게도 그런 기능이 없었다. 런더너의 모습과 새로 산
카메라를 맞바꿀 수는 없었다.

비가 오면 우산을 쓰는 게 당연한 일인데 아무도 쓰지
않는 우산을 우리만 쓰고 가려니 오히려 이상하게 느껴졌다.
괜히 민망했다. 아, 런더너가 되긴 글렀구나.

BOROUGH
MARKET

기대를 많이 하고 갔던
버로우 마켓에서
우리가 사 먹은 음식은
고작 6파운드짜리 파에야 한 접시.

아… 이번에도 너무 일찍 왔다.

오픈 준비 중인 상점들을 바라보며
우리는 또다시 다짐했다.

다음 런던 여행에서는
마켓은 무조건 오후에 오리라…!

북적임 마저 사랑스러운
몬머스 커피

몬머스 커피 버로우마켓점
Monmouth Coffee Borough shop

지난 2015년, 나는 생전 처음 유럽여행을 준비하기
위해 여행 가이드북을 구입했다. 막막하기만 했던 여행
준비에 도움을 얻기 위해서였다. 가이드북에는 수많은 관광
명소와 맛집, 카페를 지면 가득 빼곡하게 소개하고 있었다.
어디부터 어디를 가야 할지 도무지 정신을 차릴 수 없었다.
하지만 그중에서도 유독 꼭 가보고 싶었던 카페가 있었다.
코벤트 가든에 있는 '몬머스 커피'다.

우중충한 날씨여서 더 춥게 느껴지던 겨울날, 우리는
겨우겨우 코벤트가든에 있는 몬머스 커피에 찾아갔다.
가게 밖으로 족히 20명은 넘는 사람들이 줄을 서 있었다.
커피숍에 줄이라니 믿을 수 없었지만, 일단 사람들 뒤로
줄을 서서 기다려보기로 했다. 하지만 좀처럼 줄어들지 않는
긴 줄과 참을 수 없는 추위에 우리는 결국 그냥 돌아와야

했다. 예매한 뮤지컬 공연 시간이 다가오기도 했지만, 워낙
추운 것과 기다리는 것을 싫어하기 때문이다. 그 순간엔
어찌나 짜증이 나던지. 결국 나의 짜증 때문에 우리는 그날
여행 중 처음으로 싸웠다. 그것도 길 한복판에서.

　　긴 줄과 매서운 추위는 남편 탓이 전혀 아닌데, 나는
무슨 생각으로 그때 그렇게 남편에게 짜증을 냈던 걸까?
그렇게 꼭 가보고 싶었던 카페였던 '몬머스 커피'는
여행지에서 처음으로 싸웠던 추억(?)이 함께 쌓인 애증의
카페가 되어버렸다.

　　그때 가지 못했던 아쉬움과 애증의 마음을 달래고자
이번엔 버로우 마켓 옆에 있는 몬머스 커피를 찾았다.
버로우 마켓 지점은 별도의 문이 없는 오픈 형식이라
멀리서 봐도 안쪽이 훤히 들여다보였다. 카페 안은 벌써
많은 사람으로 북새통이었다. 우리는 운이 좋아 창가 자리에
바로 앉을 수 있었다. 비가 내린 직후 잠깐 선선했던 날씨는
이번엔 언제 그랬었냐는 듯이 화창하다 못해 더웠다.

　　높은 천장, 천장 곳곳에서부터 내려온 조명들, 무심하게
써 내려간 검은색 칠판 위의 글씨들은 런던의 감성을

그대로 보여주었다. 우리는 플랫 화이트와 필터 커피 그리고 팽오쇼콜라를 주문했다. 북적이는 상황에 안 그래도 작은 내 목소리가 혹여나 직원에게 잘 들리지 않을까 봐 걱정했지만, 다행히 친절한 직원은 그 상황에서도 내 말에 최대한 귀 기울여 주었다.

우리나라 대부분 커피숍에 있는 진동벨이 여기엔 없다. 대신 이곳에선 내 이름이 언제 불릴지 귀를 기울이고 있어야 했다. 북적이는 실내에서 서로의 동선이 꼬일 법도 한데, 어찌나 질서 있게 사람들이 자신의 커피를 찾아가는지 신기했다. 트레이도 없이 달랑 커피잔만 내어주는데도

사람들은 용케 잘 들고 갔다. 그런 사람들을 구경하는 중에
내 차례가 다가왔고, 나는 커피를 쏟지 않기 위해 커피잔에
온 신경을 집중하며 걸어가 겨우 자리에 앉았다. 우리가
앉은 창가 자리는 바닥이 몇 계단 위에 올라와 있는 데다가
카페 가장 구석에 있다 보니 카페 안의 모습을 한눈에
내려다보듯 볼 수 있었다. 북적이는 소리를 틈타 서로의
대화에 집중하는 손님들, 분주하게 커피를 내리는 직원들,
바로 옆 창가에 비치는 햇살, 향긋한 커피 향, 분위기 있는
배경음악까지!

　우리는 서로 별다른 특별한 말을 주고받지 않았다.
그냥 여기에 앉아 있는 것만으로 좋았다. 그때 마시지 못한
커피를 이제 와 맛본다며, 오랫동안 기다렸다 마시는 커피라
그런가 더 맛있다며. 아무래도 오늘 이렇게 여유있게 커피를
마시려고 그때 그렇게 싸웠나 보다며.

　카페 안의 북적이는 소리는 우리가 커피를 다 마시고
일어날 때까지도 사그라지지 않았지만, 그 소리가 전혀
소음처럼 들리지 않았다. 그냥 모든 것이 사랑스럽게
보였다.

　비록 그때와 같은 지점은 아니지만, 원했던 커피숍에

이렇게 다시 왔고, 맛보고 싶었던 커피를 심지어 자리에
앉아 느긋하게 마실 수 있었으니까.

　이렇게 우리는 몬머스 커피에서의 새로운 추억을
쌓았다.

변수에 대처하는 자세

버로우 마켓에서 다음 목적지인 코톨드 갤러리까지 걸리는 시간은 버스로 가나 튜브로 가나 비슷했다.

"그럼 우리 이참에 이층 버스를 타보자!"

우리는 버스를 타고 이동하기로 했다. 그도 그럴 것이, 런던에 온 지 3일째가 되었지만 내내 걸어 다니거나 튜브를 이용하느라 정작 유명한 이층 버스는 한 번도 타보지 않았다. 어차피 걸리는 시간이 비슷하다면 이렇게 화창한 날엔 이층 버스에 앉아 풍경을 바라보며 이동하는 것도 괜찮겠다 싶었다. 우리는 시티맵퍼 앱이 알려주는 대로 근처에 있는 런던 브리지 버스 정류장을 찾아갔다. 정류장은 마치 서울역버스종합환승센터처럼 여러 버스 노선이 있는 곳이었다. 우리는 버스가 오기만 기다렸다. 10분, 15분… 하지만 시간이 지나도 버스는 좀처럼 오지 않았다. '차가

막히나?' 하는 생각이 들다가도 조금 더 기다리면 곧 오겠지
하며 계속해서 기다렸다. 하지만 점점 '튜브를 탔으면
적어도 이렇게 정류장에서 시간을 버리지는 않았을 텐데…
그냥 튜브를 탈 걸 그랬나?' 싶은 생각이 머릿속을 맴돌았다.
결국 버스는 30분이 훨씬 지나서야 도착했다.

　　그런데 당연히 이층 버스라고 생각했던 우리가 타야 할
버스는 허무하게도 일반 버스였다. 순간 30분 넘게 기다린
것도 모자라 원했던 이층 버스가 아니라는 사실에 굉장히
실망했다. 그나마 앉아서 갈 수 있는 걸 다행으로 여기기로
마음을 먹고 버스 가장 뒤쪽 빈자리에 자리를 잡고 앉았다.

　　면허가 없으니 당연히 차도 없는 나는 평소에도
지하철보다 버스를 선호한다. 달리는 버스 안, 창밖으로
스쳐 지나가는 풍경을 빠르게, 혹은 느리게 감상하는
건 언제나 즐겁고 흥미로운 일이니까. 하지만 정해진
시간 안에 모든 것을 누려야 하는 다소 계획이 필요한
여행지에서만큼은 그 흥미가 길게 이어지지 않았다.

　　'창문 밖 풍경 바라보기'도 20분가량 지나니 슬슬
지루해졌다. 정류장에서부터 지금까지 가만히 서 있거나

앉아만 있으니 답답하기도 했다. 우리가 탄 521번 버스는 워털루역에서 세인트 폴 대성당을 지나 홀본역을 거쳐 다시 꺾어 내려와 갤러리에 도착하는 노선이었는데, 이 속도라면 앞으로도 한참은 더 가야 할 것 같았다.

"그래도 제법 온 것 같은데, 우리 남은 거리는 걸어서 갈까?"

우리는 홀본역에 채 가기도 전에 버스에서 내린 후 갤러리 방면을 향해 걸었다. 어차피 걸어가기로 마음 먹었으니, 길거리도 구경할 겸 천천히 갤러리에 가면 되겠다 싶었다. 정류장을 찾아가느라 버스를 기다리느라 그리고

버스를 타고 이동하느라 걸린 시간만 해도 이미 한 시간을 훌쩍 넘겼다. 그러나 마음을 비우고 나니 대신 그 자리에 여유가 찾아 들어왔다. 계획에 없던 길을 걸으니 오히려 새로웠다. 덕분에 우리는 런던 시내의 풍경을 하나하나 눈에 담을 수 있었다.

어쩌면 살면서 수없이 생기는 변수 앞에 이런 마음가짐을 갖는다면, 어떤 상황이 오더라도 얼마든지 유연하게 대처할 수 있지 않을까? 신이 아닌 이상 그 변수를 막을 방법이 없다면 때로는 그 변수 앞에 마음을 비워보기도 하는 것. 그리고 나면 그 자리에 다른 것이 채워질 거라는 믿음을 가져보는 것. 여행하며 변수에 대처하는 자세를 다시 한번 마음에 새겼다.

런던의 숨은 보석에서
고흐를 만나다

코톨드 갤러리
The Courtauld Gallery

버스에서 내려 20여 분을 걸었을까, 코톨드 갤러리에 도착했다. 대부분 무료로 관람이 가능한 런던의 다른 갤러리와 달리 코톨드 갤러리는 7파운드의 입장료를 내야 했다. 적지 않은 금액이었지만 그리 중요치 않았다. 비록 몇 점 뿐이어도 내가 가장 좋아하는 화가 '빈센트 반 고흐'의 작품이 전시되어 있기 때문! 7파운드를 지급해가며 내가 코톨드 갤러리에 꼭 와야 했던 건 순전히 고흐의 그림을 직접 보기 위해서였다.

나는 고등학교 2학년 미술 시간에 처음 빈센트 반 고흐의 그림을 만났다. 미술대학을 가기 위해 본격적인 입시 미술을 배우고자 학원에 다니고 있을 무렵이었다. '아크릴 물감으로 명화 따라 그리기'라는 주제로 각자 그리고 싶은 그림을 선택해 모사하는 수업이었는데, 그때 내가 선택했던

작품이 '밤의 카페 테라스'였다. 그때는 고흐하면 가장
떠오르는 '해바라기'나 '별이 빛나는 밤에' 같은 작품보다는
유독 이 작품이 마음에 끌렸다.

수채화와 유화의 느낌을 모두 살릴 수 있는 게 아크릴
물감의 특징이자 장점이었지만, 나는 철저하게 유화의
느낌만을 고집했다. 막연히 그의 붓 터치를 따라 하고 싶은
마음이었다. 다른 아이들이 쓰는 물감 양의 2배 이상은
거뜬히 쓰고도 남을 만큼 물감을 정말 아낌없이 사용했다.
나는 고흐 특유의 정갈하지 않은 듯한 자유로운 붓 터치를
참 좋아했다. 그때의 열정은 고흐의 여러 다른 작품들을
비롯해 그의 일기까지 찾아보게 했다. 언젠가 직접 볼 수
있는 날이 오기를 기다리면서. 결국 나의 이런 편향적인
관심이 나를 코톨드 갤러리까지 오게 만든 것이 아닐까?

유료 갤러리여서 그런지 갤러리 안에는 사람들이 별로
없었다. 무료 갤러리가 넘쳐나는 런던에서 입장료가 있는
갤러리에 사람이 적은 건 어쩌면 당연한 일이었다. 갤러리
안에는 그저 몇몇 사람만이 조용히 발걸음을 한 걸음씩
떼어가며 작품을 감상하고 있었다.

LONDON AMSTERDAM DELFT

109

그림에 큰 일가견이 없어도 어디선가 한 번은 봤을
만한 유명한 인상파 화가들의 작품을 만날 수 있는 곳,
주변 관람객의 홍수 속에 먼발치에서 작품을 바라보고
끝나는 게 아니라, 작품 앞에 한참을 넋 놓고 바라보고
있어도 지나가는 관광객이 별로 없는, 분명 이름만
들어도 알만한 화가들의 작품이 걸려있는데 그에 비하면
이상하리만큼 조용한 곳. 코톨드 갤러리는 런던 속 숨은
보석이었다.

드가, 마네, 고갱… 그리고 빈센트 반 고흐. 그의
그림이 눈앞에 나타났다. 책 속에서 접했던 평면적인
그림이 내 앞에 입체가 되어 펼쳐졌다. 나는 고흐의 그림을
보며 한참 서 있었다. 몇 점 되지 않는 고흐의 그림 속 붓
터치 한 획 한 획을 눈으로 따라 그리며 잠시나마 고흐가
되었다.

나의 몸짓이 모든 언어가
되어줄 거라 믿어요!

트래펄가 광장
Trafalgar Square

갤러리의 작품들을 열심히 눈에 담은 후, 우리는
사부작사부작 걸어 코벤트가든으로 넘어왔다. 코벤트가든은
구경할 것 투성이었다. 우리는 곳곳에서 펼쳐지는 공연을
구경하다가, 거리에 펼쳐진 마켓을 구경하기도 했다.

하지만 오늘도 버스를 타거나 카페에 앉아 있었던
시간을 제외하고는, 온종일 서 있거나 걸어 다녔던 탓에
지금 당장 앉지 않으면 다리에 힘이 풀려 주저앉을 것
같았다. 자리가 있는 카페를 찾아 걷다 보니 우리는 어느새
코벤트가든을 빠져나와 내셔널 갤러리 앞까지 와있었다.
나는 그냥 갤러리 앞에 보인 계단에 철퍼덕 주저앉으며
남편에게 말했다.

"안 되겠어, 우리 여기에 잠깐 앉았다 가자"

휴대폰에는 이미 2만 5천 보 이상을 걸었다고 알려주고

있었다. 카페 하나 제대로 찾지 못해 이렇게 바닥에
주저앉아 있다니…. 피곤이 몰려오니 이제는 숙소에 빨리
가서 가장 편한 자세로 드러눕고 싶었다. 지금 여기서 가장
빨리 숙소로 갈 방법은 피커딜리라인 튜브를 타는 것.
우리는 다시 피커딜리서커스역을 향해 걸었다.

걸어가는 중에 지나가는 트래펄가 광장 곳곳에도 여러
거리의 예술가들이 각자의 공연을 펼치고 있었다. 온종일
공중부양을 하는 사람, 기타를 연주하는 사람, 정교하게
오와 열을 맞춰 분필을 이용해 바닥에 글씨를 적어 내려가는
사람… 광장을 메운 다양한 예술가들을 구경하며 그냥
지나치려던 찰나, 유독 한 사람에게 눈길이 갔다. 티셔츠,
바지, 심지어 운동화와 양말까지 온통 검은색으로 갖춰 입은
사람이었다. 다소 왜소한 체격의 그 사람은 주변 세팅을
마친 듯 하더니 공연을 시작할 듯 말 듯 한참을 뜸을 들여
나를 더욱 궁금하게 만들었다.
어느새 주변은 나처럼 궁금해하는 사람들로 가득 차
큰 원이 만들어졌다. 마치 사람들이 모이기를 기다렸던 것
마냥 뜸만 들이던 그 사람은 그제야 사람들을 향해 인사를

하며 자신을 소개했다. 스페인에서 온 공연가, 윌리엄.
그는 관객들의 호응을 얻어가며 음악에 맞춰 한 손으로
물구나무서기를 했다가, 그 동작 그대로 점프를 하며 모자를
쓰고 벗는 등 묘기 수준으로 공연을 펼쳐나갔다. 그는
자신이 스페인 사람이라 영어는 잘 못 하지만 이 공연에서
보여주는 자신의 몸짓이 여기 있는 사람들의 모든 언어가
되어줄 거라 믿는다며 관객들을 향해 외쳤다. 작은 체구에서
나오는 목소리는 그냥 지나치려던 사람들도 되돌아서게 할
만큼 컸다. 저 청년의 자신감은 어디서 나오는 걸까?

영어를 잘 못한다는 이유로 여행 내내 언어 앞에 위축된
나는 그의 말을 들으니 왠지 '영어' 때문에 긴장하고 있던
불안한 마음이 조금은 풀리는 것 같았다. 우리는 아픈
다리도 잊은 채, 그의 자신감 넘치는 모습에 매료되어
공연을 끝까지 관람했다. 한 시간 가까이 펼쳐진 그의
공연이 끝나고 우리의 마음을 녹여준 윌리엄에게 감사의
표시로 주머니에 남아있던 동전을 주고 나서야 겨우
발걸음을 옮길 수 있었다.

셀프 스냅 도전기

켄싱턴 뮤즈 스트리트
Kensington Mews Street

해외 여행지에서 스냅 촬영을 해보는 것은 나의 위시리스트 중 하나였다. 남편이 늘 내 모습을 카메라로 찍어주긴 하지만, 정작 둘이 같이 있는 사진은 휴대폰 셀카가 전부인 게 항상 아쉬웠다. 여행지에서 누군가 우리 둘의 자연스러운 모습을 담아준다면 정말 좋은 추억이 될 수 있을 것 같았다. 하지만 내가 누구인가. 남편이 사진을 찍어주는 순간에도 누군가의 시선을 조금이라도 느끼면 웃고 있다가도 금방 안 웃은 척 그리고 부끄러워 몸 둘 바를 모르는 내가 아닌가! 그런 내가 처음 보는 작가 앞에서 자연스러운 모습을 취할 리 없었다.

고민 끝에 선택한 방법은 전문 스냅 작가에게 맡기는 대신 묵직한 남편의 카메라를 잘 버텨줄 튼튼한 삼각대를 구매해 우리가 직접 찍는 것이었다. 이름하여 '셀프스냅'.

그래 봐야 삼각대 위에 카메라를 올려놓고 찍는 것이 우리가 생각한 전부였지만 사실 우리에겐 그마저도 쉬운 일은 아니었다. 런던의 명소를 배경 삼아 사진을 찍자니, 오히려 전문 작가에게 맡기는 것보다 더 많은 사람의 시선을 받을 것 같았다(얼마나 어설퍼 보일까?). 게다가 삼각대를 놓고 찍다가 자칫 누군가 삼각대 채로 들고 도망가버리면 어쩌지?(괜한 불안감) 대안이 필요했다. 그렇다면 시간은 이른 아침 그리고 장소는 비록 명소가 아니더라도 런던 느낌을 제법 느낄 수 있는 곳이면 될 것 같았다.

그런 장소를 찾기 위해 구글링을 하던 중, 우리 숙소 근처에만 네다섯 군데는 있다는 '뮤스 스트리트'를 발견했다. 마구간을 개조한 작은 집들이 늘어선 좁은 거리를 뜻한다는 이곳은 파스텔 톤의 예쁜 건물들이 늘어서 있다. 그 모습이 마치 노팅힐 거리처럼 보였다. 비록 명소는 아니었지만, 우리가 마음 놓고 사진을 찍기엔 부족함이 없었다.

우리는 아침 일찍 나름의 꽃단장을 마치고 카메라와 삼각대를 들고 뮤스 스트리트로 향했다. 구글맵에서 봤던대로 파스텔 톤으로 흩뿌려진 아기자기한 건물들,

언제 가도 좋을 여행, 유럽

그리고 집집마다 개성 있게 꾸민 창문이 꽤 매력적이었다.

남편이 카메라를 삼각대에 고정하고 구도를 잡는 동안, 나는 피사체가 되어 우리 둘이 가장 잘 나올만한 적당한 위치를 찾았다. 이렇게도 찍어보고 저렇게도 찍어보고 싶었지만 그냥 나란히 손잡고 서 있는 게 우리에겐 최선이었다. 사람이 별로 없을 거라고 예상했던 대로 거리가 한적해 우리는 이곳을 배경으로 우리의 모습을 마음껏 담을 수 있었다. 비록 런던에서 찍었다고 말하지 않으면 여기가 런던인지 아닌지 알 턱이 없지만 아무렴 어때! 사진 한 장이라도 우리 둘만의 추억이 담겨 있으면 그걸로 됐다.

여행은 정말
살아보는 거야?

에어비앤비를 통해 숙소를 예약한 것은
순전히 '여행은 살아보는 거야'라는 문장
때문이었다. '런더너'라는 말을 붙이는 것이
우습긴 했지만, 그토록 바라던 런던에 그것도
일주일 가까이 지낼 수 있게 되었는데 적어도
일주일 만큼은 런더너가 될 수 있을 거란 생각에
가슴이 두근거렸다. 특히 '런더너의 아침'. 매일
아침 아담한 주방에서 복닥복닥 요리하여 만든
아침을 먹고 창밖 런던의 풍경을 감상하며
따뜻한 커피 한 잔을 마시는 모습은 적어도 내가
상상하는 런던에서의 모습이었다.

하지만 매일 아침 요리를 하겠다는 건 정말
대단히 큰 오산이었다. 집에서도 잘 하지 않는
요리를 머나먼 타지에서, 그것도 여행 중에
하겠다는 생각 자체가 무모했다. 부지런함과
요리하는 것은 별개의 문제였다. 결정적인
사실은 우리는 평소에도 아침을 잘 챙겨 먹지
않는다는 것. 게다가 마트는 숙소에서 불과 2분
떨어진 거리에 있었다. 내가 굳이 요리하지

않아도 될 만큼 훌륭한 반조리 식품이 매일매일
나를 유혹했다. 에어비앤비로 예약한 숙소에
머무르는 동안 유일하게 불을 쓰고 기름을
두른 요리라고는… 요리라고 부르기도 민망한
'스크램블드에그'가 전부였다.

그런 면에서 '여행은 살아보는 거야'라는
광고 카피는 정말 잘 만든 카피가 아닌가 싶다.
상상과 현실을 구분하지 못하고 잠시 잊어버릴
만큼 내가 그 문구에 홀랑 홀려버렸으니 말이다.
에어비앤비에 숙소를 정하고 여행하는
대부분의 여행자처럼 직접 요리를 해서 근사한
식사를 한다거나, 창밖으로 보이는 런던
풍경을 바라보며 커피 한 잔을 마신다거나
하는 등의 현지인처럼 살아보는 여유는 나에게
없었다(심지어 창밖 풍경은 건물로 온통
막혀있었다.). 여행의 피곤함을 유일하게 달래줄
수 있는 건 따끈한 라면 국물이었고, 커피는
숙소에서 마시는 것보다 카페에서 사 마시는 게
훨씬 더 간편하고 맛있었다.

여행 중 '요리'란 나에게는 엄청난 사치였다.
광고에서 보았던 문구 그대로를 나의 여행에
완벽하게 녹여내려면 얼마나 더 많은 여행을
해야 할까? 5번? 아니면 10번?

어쩌면 '살아보는 여행'이라는 말은 나에게
욕심이 아닐는지.

언제 가도
좋을 여행

정원 사색

빅토리아 앨버트 박물관
Victoria and Albert Museum

'빅토리아 앨버트 박물관'은 미술 공예품의 집결지라고 불리는 만큼 화려하고 볼거리가 많은 곳이다. 하지만 우리는 이곳을 다녀온 블로거들이 하나같이 칭찬했던 야외 정원이 공예품보다 궁금했다. 세계 최고의 수공예 박물관이라면 분명 볼거리가 너무 많아 박물관 내 정원 따위는 묻힐 수 있었을텐데…. 대체 어떻길래 사람들은 칭찬 일색인 걸까. 우리는 전시실을 가볍게 둘러본 후 궁금증을 안고 야외 정원으로 향했다.

화려한 공예 작품들로 가득했던 전시실에 비하면 사방이 건물로 둘러싸인 정원은 생각보다 한적해 보였다. 정원 한가운데에는 얇고 넓은 분수대가 둥그렇게 펼쳐져 있었다. 물은 발등에도 못 미칠 정도로 매우 얕았지만, 아이들은 그곳에서 물장구를 치며 신나게 놀고 있었다.

건물 규모에 비해 이렇게 한적한 곳이 있다는 사실에
놀랐고, 이렇게 아름다운 곳에 입장료가 없다는 사실에 또
한 번 놀랐다. 오늘 계획했던 대략의 일정대로라면 정원은
잠깐 구경하고 바로 다음 목적지로 이동하는 것이었는데,
아무래도 그냥 가기엔 아쉬운 마음이 들었다. 우리는 여기서
커피 한 잔을 하고 가기로 했다. 여행 4일 차가 되니 제법
여유가 생기는 듯했다.

　　몇몇을 제외한 대부분의 사람은 쨍쨍 내리쬐다 못해
눈이 아플 정도로 따가운 햇빛을 피해 그늘 가에 앉아
있었다. 그늘에 있던 테이블은 모두 만석이었지만 햇볕이

있는 자리는 남아있었다. 우리는 '가을볕인데 뭐' 하는
생각으로 대수롭지 않게 테이블에 자리를 잡았다.

하지만 대리석 테이블과 쇳덩이로 만들어진 의자,
그늘이 전혀 없는 곳에 사람들이 앉지 않는 이유가 있었다.
소매를 걷어 올린 팔을 대리석 테이블 위에 올려놓을 때
마다 테이블의 뜨거움이 그대로 느껴졌다. 게다가 그물처럼
생긴 의자에 앉아 있으니 마치 내가 그릴 위의 구이가
되는 것 같았다. 따가운 태양 아래 분수에서 옷이 다 젖건
말건 마냥 신나게 놀고 있는 아이들이 부러웠다. 마음만은
나도 물가에 가서 아이들처럼 물장난을 치고 싶었다. 그런
아이들을 보며 뜨거움을 이겨내고 있을 무렵, 우연히 분수대
한쪽에 앉아있던 여성이 눈에 들어왔다. 그녀는 혼자서
노트에 무언가를 끄적이다가, 무언가를 생각하는 듯 한참을
턱을 괴고 있기도 했다.

'나와 같은 여행자일까? 아니다, 아마도 이 근처에 사는
런던 시민이겠지?'

당연히 그녀의 신분을 알 수 없는 노릇이지만 나는
3인칭 관찰자가 되어 잠시 상상했다. 박물관 근처에 사는
예술계 종사자인 그녀가 아이디어를 얻기 위해 이곳에

왔고, 분수대 앞에 앉아 지금 떠오르는 영감을 노트에 적어
내려가는 중일 거라고.

언제나 런던은 꿈과 같은 도시였다. 대학생이던 시절
'영국 왕립 예술학교(RCA, Royal College of Art)'를 처음 알게 된
후, 잠깐이나마 남몰래 런던 생활을 꿈꾸던 시절도 있었다.
아마 그 학교에 다니는 학생들은 바로 옆인 이곳을 매일같이
드나들 수 있겠지? 아이디어를 얻기 위해, 혹은 머리를
식히기 위해 오는 곳이 빅토리아 앨버트 박물관이라니….
생각 속 모든 사람이 부러웠다.

"저쪽에 자리 났다! 우리 저리로 가서 앉을까?"

이런저런 상상에 빠져있던 나에게 남편이 사람들이 막
일어난 그늘 가의 테이블을 가리키며 말했다. 뜨거운 햇살과
뜨거운 그물 의자, 대리석 테이블까지 합세한 덕분에 내
몸이 익어가고 있었는데 정말 다행이었다.

그곳에 가면
셜록을 만날 수 있나요?

셜록 홈즈 박물관
Sherlock Holmes Museum

드라마를 자주 보는 편은 아니지만, 혹여나 보게
되더라도 본방송으로 보지 지난 방송을 일부러 다시
찾아보는 경우는 거의 없다. 하지만 그런 내가 유일하게
챙겨본 드라마가 있었다. 바로 셜록 시리즈! 소위 '잘생김을
연기한다'는 베네딕트 컴버배치가 연기하는 셜록은
그야말로 매력이 흘러넘쳤다. 때로는 셜록으로, 때로는
빈센트로(다큐멘터리 영화 「반 고흐: 페인티드 위드 워즈」에서
그는 빈센트 역할을 맡았다.), 때로는 마법사로(마블 영화 「닥터
스트레인지」)…. 셜록의 배경지인 셜록 홈즈 박물관에 대해
인터넷 검색을 하던 중, 튜브를 타고 이동하는 베네딕트
컴버배치의 모습을 여행 중 우연히 보았다는 어느 여행자의
글을 보고 '혹시 나도 마주치지 않을까' 하는 기대감이
생기기도 했다. 아무튼 나는 원작 소설 속 '셜록'이 아닌,

드라마 속 '셜록(정확히는 베네딕트 컴버배치)'을 떠올리며 베이커 스트리트 221번가로 향했다.

빅토리아 앨버트 박물관 앞을 지나 베이커가로 향하는 버스를 타고 20여 분을 달려 도착한 셜록 홈즈 박물관. 소설 속에만 존재했던 가상의 장소를 1930년도에 재정비해 실존하는 곳으로 만들었다는 게 새삼 신기했다. 입장료가 1인당 15파운드나 하는 박물관은 관람하지 않는 대신 우리는 무료로 마음껏 구경할 수 있는 기념품숍에 들어가 기분을 내기로 했다.

그런 면에서 기념품숍은 언제나 그렇듯, 늘 기분 좋은 곳이다. 꼭 무언가를 사지 않아도 구경하는 것으로 충분히 재미있는 곳이니까. 숍 안에는 '셜록'과 연관된 거의 모든 것들이 상품으로 만들어져 우리의 눈을 사로잡았다. 모자에서부터 성냥갑, 배지, 액자, 각종 문구류…. 하지만 마땅히 손이 가는 기념품은 딱히 없었다. 그 중 만만한 열쇠고리라도 사볼까 했지만, 무턱대고 샀다간 걸어둘 열쇠도 없는데 언젠가 결국 책상 서랍장 안에 처박혀 서서히 잊힐 것이 뻔했다. 여기까지 왔는데 뭐라도 사 가야겠다는 심정으로 사방에 놓인 기념품들을 들었다 놨다 반복하고 있을 때 남편이 무언가를 들고 오며 말했다.

"이거 하나만 사자"

"뭔데?"

남편 손에 들려있는 건 이곳 주소를 나타내는 실제와 똑같이 만든 작은 크기의 철제 간판이었다. 처음엔 이런 걸 어디다 쓰냐며 들은 체도 하지 않았지만, 생각해보니 기념품은 말 그대로 기념품이 아니던가. 결국 내내 고민했던 기념품은 철제 간판 하나를 사는 것으로 마무리되었다. 진짜 셜록은 만나지 못했지만.

서점을 대하는 마음

돈트 북스
Daunt Books

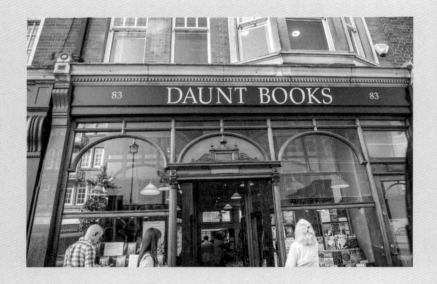

셜록 홈즈 박물관에서부터 매릴본 거리를 중심으로 쭉 걸어 내려오니 빼곡하게 이어진 여러 상점들 사이에 돈트 북스가 보였다. 여행매거진 「론리플래닛」에서 '세계의 아름다운 10대 서점' 중 하나로 선정되기도 한 곳. 우리는 그 아름다움을 직접 보기 위해 서둘러 안으로 들어갔다.

고풍스러운 서점 문을 통과하니 영화 속에나 나올법한 옛 서점의 모습이 눈앞에 펼쳐졌다. 왜 세계의 아름다운 서점에 선정되었는지 단번에 알 수 있었다. 우리는 '예쁘다'라는 말을 연신 내뱉으며 서점 곳곳을 둘러보았다. 가사 없는 잔잔한 배경음악이 흐르는 서점 안은 책 넘기는 소리, 사람들의 발소리, 이층으로 올라가는 오래된 나무 계단의 삐걱거리는 소리 외엔 별다른 소리는 들리지 않았다. 서점에 있는 사람들은 모두 책에만 집중하고 있었다. 철저히 관광객 차림이었던 나는 이 아름다운 서점의 모습을 사진으로 남기고 싶은 마음에 카메라 셔터를 몇 번 누르다가, 혹시 사람들에게 방해가 될까 싶어 카메라를 내려놓았다.

대부분 매끄러운 종이를 사용하는 우리나라 책들과 달리 재생지 같은 가벼운 종이를 많이 사용하는 외국의 책들은 확실히 느낌부터 달랐다. '소장'에 좀 더 의미를 두는 우리나라와 달리, 들고 다니며 읽기 편하도록 가볍게 만들기 위해 '실용성'에 초점을 맞춰서일까?

나는 디자인 작업을 위해 주기적으로 서점에 들른다. 디자인 영감을 가장 잘 얻을 수 있는 곳으로 이만한 곳이 없기 때문이다. 수백 페이지에 이르는 내용을 압축해서 하나의 이미지와 제목으로 표현해 그 내용을 짐작해볼 수 있게 만드는 일. 비단 표지 디자인뿐만 아니라 내가 하는 모든 디자인의 결과물은 그래야 한다고 생각한다. 그중에서도 고난도의 작업이 바로 북 디자인이 아닐까?

수백 수천 권에 달하는 표지를 보며 나라면 어떻게 풀어낼까 고민해 보기도 하고, 전혀 생각지도 못한 뛰어난 표지 디자인을 볼 때면 감탄하며 배우기도 한다. 그리고

책 표지에서부터 본문, 종이 질감, 모양, 색깔 등을 한참
구경하다가 서점을 떠날 때 늘 책 한 권을 꼭 사서 나온다.
수많은 책을 다양하게 구경한 것에 대한, 그리고 책 덕분에
이런저런 영감을 얻을 수 있었던 것에 대한 일종의 감사의
표현이다.

　비록 이곳에서 읽을 수 있는 책은 없었지만 나는 이
아름다운 서점을 향한 감사의 표현을 해야 했다. 한참을
둘러본 나는 아동서적 코너에 있던 내 수준에 맞는 자그마한
팝업북 한 권을 들고 카운터로 가서 앞사람의 계산이
끝나기를 기다렸다. 책을 한가득 산 앞사람에게 직원은 서점
이름이 새겨진 에코백에 책을 가득 담아 건네주었다. 구입한
책의 양을 보니 앞사람은 아마도 이곳에 사는 현지인인
듯했다. 나는 책을 사면 에코백에 그냥 담아주는 건가 싶어
앞 사람이 구매한 책들과 내가 들고 있는 책을 번갈아 가며
쳐다보았다. 하지만 겨우 손바닥만 한 책 한 권으로는 그냥
담아줄 리 없을 것 같았다. 어느새 내 차례가 다가왔고,
나는 쭈뼛거리며 에코백을 함께 구매하고 싶다고 직원에게
말을 건넸다. 직원은 나처럼 에코백을 구매하는 관광객들을
수없이 만난 듯 자연스럽게 에코백 2종을 꺼내 보이며

각각의 금액을 친절하게 안내해 주었다. 나는 욕심부려
2종을 모두 구매했다. 결국 책 한 권 값보다 더 많은 금액을
에코백 사는 데 냈지만, 이렇게라도 이 아름다운 서점을
구경했던 것에 대한 감사 표시를 할 수 있어서 그나마
마음이 놓였다.

홍차의 매력,
애프터눈 티

윌리스 컬렉션
The Wallace Collection

빅토리아 앨버트 박물관에서 오랜 시간을 보내는 바람에 일정이 조금씩 밀렸다. 서점에서 나왔을 땐 이미 두시가 훌쩍 지나있었다. 원래는 이 근처에서 점심을 먹고 애프터눈 티를 마시러 갈 계획이었으나, 그러기엔 시간이 애매할 것 같았다. 가려고 한 레스토랑의 애프터눈 티 마감 시간은 4시 반이었기 때문이다. 점심이냐 애프터눈 티냐 둘 중 한 가지만 선택한다면, 애프터눈 티. 결국 우리는 점심도 거른 채, 곧바로 애프터눈 티를 마시러 가는 웃픈 상황에 처하고 말았다.

차에 대해서는 전혀 모르지만 애프터눈 티를 즐긴다는 영국인들의 문화를 이번 여행에서 직접 체험해보고 싶었다. 단순히 홍차와 디저트 맛을 본다기보다는 이들의 일상에 자연스럽게 녹아들어 있다는 그 시간을 내 시간 속에도 녹여내 보고 싶었던 것이다.

서점에서 멀지 않은 곳에 있는 '월리스 컬렉션'에
도착했다. 높은 유리 천장에서 떨어지는 햇살이 핑크빛 벽에
떨어지며 갖은 모양을 내고 있었다. 곳곳에 큼직한 나무들
때문인지 마치 온실 속에 있는 기분이었다. 우리는 자리에
앉아 애프터눈 티 세트와 크림 티를 주문했다.

얼마 뒤 직원은 묵직한 무쇠 티포트와 따뜻하게 데운
우유가 담긴 작은 저그를 함께 내어주며 티를 우려내는
방법을 간단히 설명해 주었다. 그런데 웬 우유지? 고개를
갸우뚱하는 내게 남편은 홍차에 우유를 섞은 게 밀크티이지
않냐며 우리나라 캔 음료 '데자와'를 언급했다.

"데자와 몰라? 안 마셔봤어?"

"알긴 알지. 그런데 한 번도 안 마셔봤어."

가던 데만 가고, 먹던 것만 먹는 익숙함을 더 쫓는 내가
'데자와'를 한 번도 마셔보지 않았다는 사실은 내게 그리
놀라울 일은 아니었다. 캔에 그려진 이미지만 봐서는 도대체
무슨 맛인지 가늠할 수 없게 생긴 데자와는… 처음 봤을
때부터 그냥 왠지 맛없을 것 같은 느낌?(어디까지나 나의 개인
취향) 첫인상이 그렇다 보니 자연스럽게 그 이미지가 굳어져

굳이 마시지 않았을 뿐인데 남편은 그런 나를 보고 적잖이
놀란 눈치였다.

처음 맛본 밀크티는 달콤하면서 쌉사름했다(밀크티의
이 오묘하면서도 달콤한 맛을 데자와 캔 디자인에 담아낼 수 없었을까?).
아무튼, 익숙함을 깨고 새롭게 다가오는 감동은 몇 배가
되기도 한다.

충격 속에 밀크티를 홀짝이고 있을 때 애프터눈 티
세트의 꽃인 디저트가 나왔다. 3층짜리 트레이에는 샌드위치,
스콘, 조각 케이크가 차례대로 담겨 있었다. 정사각형 모양의
2인 테이블 위가 순식간에 빼곡해졌다. 먹어본 사람은 극찬을

아끼지 않는다던 스콘 그리고 함께 나온 클로티드 크림의
맛은 말할 것도 없었고 샌드위치며 케이크까지 풍성하고
달콤한 디저트들이 홍차와 함께 어우러져 입안을 풍성하게
가득 채워주었다.

　신기해서 두리번거리는 눈빛, 묵직한 카메라. 우리는
누가 봐도 관광객이었지만 티타임을 즐기는 이 순간만큼은
관광객이 아닌 현지인이 되고 싶었다. 천천히 흐르는 시간에
분위기가 더해져 빛을 발하는 홍차의 매력에 취해 카페 마감
시간이 될 때까지 그 시간을 마음껏 즐겼다.

여왕의 생활 공간을 엿보다

버킹엄 궁전
Buckingham Palace

여행 마지막 날이나 다름없는 아침이 밝았다. 오늘의
일정은 버킹엄 궁전과 근위병 교대식을 보는 것 외에 쇼핑을
위해 여기저기 들르는 것 말고는 특별히 없었다. 우리는
예약해놓은 버킹엄 궁전 관람을 위해 서둘러 움직였다.

버킹엄 궁전은 1년 중 두어 달, 엘리자베스 여왕의 휴가
기간에만 일반인이 관람할 수 있도록 궁전 안을 공개한다.
운이 좋게도 그 시기가 우리의 여행 일정과 겹쳤다. 게다가
올해는 여왕의 90주년 생일을 기념하여 여왕이 그동안
입었던 드레스들을 모두 한자리에 모은 전시도 함께 볼 수
있었다. 공개되는 기간은 정해져 있는데 궁전을 방문하고
싶어 하는 관람객들이 전 세계 곳곳에서 몰려오니, 당연히
사람이 많을 터. 우리는 시간을 정할 수 있어 현장 구매보다
좀 더 유리한 온라인 예매를 통해 둘이 합쳐 43파운드를

들여 궁전 내부 한 군데를 관람할 수 있는 The State Rooms
티켓을 샀다(2019년 1월 성인 기준_ The State Rooms 1인당 25파운드/
Royal Day Out 1인당 45파운드).

휴대폰을 거울삼아 들여다보기만 해도 직원이 제지를
하는 삼엄한 경비 속에 있으니 아, 내가 과연 영국 왕실에
와있구나 싶었다. 철저한 소지품 검사 끝에 겨우 들어간
궁전 내부는 그야말로 '최상류층의 삶'을 그대로 보여주고
있었다. 화려한 패턴의 벽지, 섬세하고 아름다운 장식물,
반짝이는 샹들리에, 황금빛 테두리의 크고 작은 다양한
액자들… 세상의 모든 화려한 것들이 모두 이곳에 모여있는
것 같았다. 화려하다 못해 발걸음을 주춤거리게 만드는
웅장한 내부를 보며 평생을 이곳에서 살았을 여왕의 삶은
정말 이 호화스러운 만큼 행복할까 하는 생각이 문득 들기도
했다.

궁전 안 중간쯤부터는 엘리자베스 여왕이 태어나서
지금까지 입어왔던 의복들이 유리 장식장 안에 시대별로
전시되어 있었다. 하지만 그녀의 생일, 그녀의 결혼식,
대관식 등 아주 특별한 날에 입었던 특별한 드레스들 외엔

다른 의상들은 생각보다 큰 흥미를 끌지는 못했다. 오히려 여왕을 위해 그때그때마다 제작하는 단 한 벌뿐인 옷들을 위해 수많은 사람이 공을 들였다는 사실이 더 흥미로웠다.

수백 벌에 달하는 드레스 관람까지 마치고 나오니 궁전 뒤편엔 드넓은 정원이 펼쳐져 있었다. 한쪽에는 분수가, 또 다른 한쪽에는 궁전 밖으로 나갈 수 있는 오솔길이 길게 이어져 있었다. 잘 정리되어 깨끗하고 심지어 고요하기까지 한 정원은 조금 전 보고 나온 화려한 궁전 내부와 더욱 대조되어 보였다. 평온하고 아름다운 모습이었다. 화려함에 눈이 피로해질 때쯤 만난 넓고 푸른 정원의 모습은 눈의 피로는 물론 화려한 것들로 흥분했던 마음을 차분하게 가라앉혀 주기까지 했다. 여왕님도 때로는 여기에 나와 눈의 피로를 풀지 않았을까? 그녀를 떠올리며 눈의 피로를, 아니 아름다운 경치를 잠시나마 감상했다.

CHANGING
THE GUARD

근위병 그리고
구경하는 사람 구경

공원에서는 새들에게
먹이를 주지 마세요

세인트 제임스 파크
St. James' Park

"너~무 덥다!"

한참 땡볕에 서서 근위병 교대식을 구경하느라 얼굴은
뜨겁고 목은 타들어 갈 만큼 너무 말랐다. 점심을 먹으러
피커딜리 쪽으로 걸어가다가 도저히 참을 수 없어 공원 앞
작은 노점에 들러 시원한 음료라도 사 들고 가기로 했다.

노점에는 사람들로 줄이 길게 늘어서 있었다. 사람들
뒤로 줄을 섰다. 그리고는 우리 차례를 기다리고 있는데,
쇼윈도의 무언가를 손가락으로 짚어가며 고심하고 있는
앞사람이 눈에 띄었다. 그 무언가의 정체는 바로 샌드위치.
샌드위치를 하나하나 가리키는 손가락의 움직임에 따라
나도 모르게 눈동자가 움직였다. 그러자 갑자기 배가
고팠다. 음료만 사려고 했던 우리는 의식의 흐름대로
콜라 두 잔과 샌드위치를 샀다. 그리 비싸지도, 싸지도

않은 금액의 샌드위치 두 종류와 얼음이 들어있지 않은
코카콜라 두 잔. 영화관이나 햄버거 가게에서도 늘 콜라
대신 사이다만 마시던 내가 이곳에서 맛본 콜라는 단연코
세상에서 가장 맛있는 콜라였다.

우리는 공원 벤치에 느긋하게 앉아 샌드위치를 먹고
가기로 했다. 콜라를 홀짝이며 들어온 세인트 제임스 파크는
런던에서 가장 오래된 왕립 공원인데 천여 마리의 새가
서식하고 있어서 조류 보호구역으로 지정된 공원이기도
하다. 우리나라에도 흔한 비둘기에서부터 거위, 오리, 백조
친구들과 함께 공원을 거닐 수 있는 곳이었다. 벤치에
앉아 신문을 보거나 그림을 그리는 분들도 있는가 하면,
넓은 잔디밭에 앉아 함께 온 이와 대화를 하거나 간단하게
식사를 즐기는 사람도 있었다. 공원 곳곳에는 현지인부터
관광객까지 많은 사람이 나와 그 시간을 즐기고 있었다.

특히 잔디에 앉아 샌드위치를 먹고 있는 사람들을 보니,
그야말로 '런더너'의 모습이었다. 우리에게도 샌드위치가
있겠다, 우리도 저들처럼 행동으로만 옮기면 되는 거였다.

"우리도 런더너가 되어보자!"

적당한 자리에 대충 자리를 잡고 앉았다. 사실 공원

어디에 앉더라도 딱히 문제 될 것은 없었다. 그런데 샌드위치 박스를 열어 한입 먹으려는 순간, 누군가 서서히 우리에게 다가오고 있는 게 느껴졌다. 낯선 그림자에 뒤를 돌아보니, 거위 한 마리! 뒤뚱뒤뚱하며 우리에게 다가오는 게 귀여워 보인 나는 빵 끝부분을 살짝 떼어 거위에게 던져주었다. 아니 그랬더니 세상에, 이번엔 저만치에 있던 다른 거위 무리까지 합세해 우리에게 몰려오는 것이 아닌가! 아무래도 가만히 있다간 손에 들고 있는 샌드위치에까지 그대로 입을 댈 것 같았다. 샌드위치를 지키기 위해(?) 나는 이번엔 다시 빵조각을 떼어내 더 먼 곳을 향해 있는 힘껏

던져버렸다. 그러자 거위들은 내가 빵조각을 던진 곳을
향해 뒤뚱거리며 열심히 걸어가는가 싶더니 다시금 방향을
돌려 우리에게 다가오고 있었다. 그 조그마한 빵조각으론
성에 차지 않으니 더 큰 것을 내놓으라고 협박이라도 할
모양이었다.

　　그렇게 잠시나마 가져보았던 '런더너'의 로망은
잔디밭에 앉은 지 얼마 되지도 않아 무너지고 말았다. 거위
때문에 아직 먹지 못한 샌드위치를 비어있는 벤치에 겨우
자리를 잡고서야 먹을 수 있었다. 비록 얼음 없는 콜라는
이미 미지근해져버렸지만 콜라의 미지근함 따위 중요치
않았다. 수많은 적(?)으로부터 샌드위치를 지킬 수 있는
것만으로도 다행이었다.

뒤뚱뒤뚱
귀여움에 속지 말자!

선물하는 마음,
매일 매일 크리스마스

포트넘 앤 메이슨
Fortnum & Mason

런던에서의 가장 마지막 일정은 쇼핑! 우리는 내셔널 갤러리에서부터 피커딜리 서커스 역 주변까지 가보고 싶었던 상점들을 중심으로 윈도우쇼핑과 쇼핑을 동시에 즐겼다. 우리는 내셔널 갤러리 내 기념품 상점, 초콜릿 가득한 M&M's World, 애플 스토어 그리고 미리 찾아두었던 화방까지 실컷 구경하고 쇼핑한 다음 포트넘 앤 메이슨으로 향했다. 전날 즐겼던 애프터눈 티 타임 이후 홍차의 매력에 빠져 가까운 사람들에게 홍차를 선물해주고 싶었기 때문이다.

바닥 전체에 깔린 붉은 카펫과 천장 곳곳에 달려 있는 화려한 샹들리에, 묵직하고 중후한 느낌이 묻어나는 월넛 색상의 원목 선반과 진열대 안에는 각양각색의 홍차 틴케이스가 빼곡히 진열되어 있었다. 여심을 사로잡는

민트색의 아기자기하고 예쁜 틴케이스는 돈이 많다면 다
사고 싶을 만큼 사랑스러웠다. 나는 예쁘고 사랑스러운
것들을 보며 떠오른 가족과 몇몇 지인들에게 줄 선물로 홍차
세트 몇 가지를 집어 들었다.

　누군가를 떠올리며 그 사람을 위해 선물을 고른다는 건
잠시 잠깐 그 사람을 생각하며 느끼는 행복 때문이 아닐까?
그 행복을 알기에 가끔 누군가 여행지에서 사 온 선물을
받을 때면 선물 자체도 고맙지만, 무엇보가 여행지에서
나를 떠올려주었다는 생각에 마음 한구석이 따뜻해진다.
대단한 건 아니지만 선물을 고르며 이 마음이 잘 전달되기를
바랐다.

　여기는 홍차뿐 아니라 생활 전반에 아우르는
거의 모든 것들도 판매하고 있었다. 식료품에서부터
주방용품, 생활용품, 화장품, 의류… 게다가 한 층 전체를
크리스마스와 관련된 상품들로 가득 채워놓은 '크리스마스
상품' 코너는 나를 동심에 빠져들게 했다. 천장에 다다를
만큼 커다란 크리스마스트리에는 아기자기한 오너먼트들이
가득 걸려 있었다. 여태까지 살면서 본 크리스마스트리

오너먼트의 개수보다 아마 걸려있는 오너먼트들이 훨씬
많아 보였다. 트리에 거는 오너먼트라곤 색깔별로 다른
동그란 형태가 일반적이라고 생각했는데 트리 옆에 진열된
오너먼트는 독특한 것들이 많았다. 그야말로 고르는 재미에
푹 빠지게 할만한 것들이었다. 다가오는 크리스마스를
기다리며 집안에 놓인 커다란 트리에 꾸밀 장식품 하나도
신중하게 고르는 영국인들을 상상해보니 왠지 귀엽다는
생각도 들었다. 매일이 크리스마스이길 바라는 사람들의
마음, 어쩌면 그 마음 한구석에 자리 잡은 사람들의 동심을
꺼내주고 싶은 점주의 깊은 뜻은 아니었을까?

Everyday Christmas!

174

5일 동안
런던살이

오지 않을 것만 같던 런던에서의 마지막
날 아침이 밝았다. 오전 비행기 탑승을 위해
아침 일찍 일어난 우리는 부지런히 짐을
챙기고 집안을 정리했다. 집을 흔쾌히 내어준
마이클에게 고마움을 전하기 위해 청소에,
분리수거에 침구 정리까지 완벽하게 마쳤다.
나는 마지막으로 마이클에게 덕분에 잘 머물다
간다며 우리가 머무를 수 있도록 허락해줘서
감사했다는 짧은 메시지를 보낸 뒤, 숙소를
나왔다.

숙소가 있었던 런던 켄싱턴 지역은 비록
런던의 가장 중심부는 아니지만 우리에겐
탁월한 곳이었다. 런던의 부촌이라고도
불린다는 이곳은 북적임보다 조용함을 더
선호하는 우리에게는 더할 나위 없었다.
처음 이용한 '에어비앤비'는 우리에게 호텔
같은 편리함을 준 건 아니었지만, 대신 내 집과
같은 편안함을 주어서 좋았다. 비록 '살아보는
여행'은 못했지만, 아주 조금이나마 '런던

여행자'가 아닌 '런던 생활자'의 기분은 느껴볼
수 있었다. 고작 일주일 남짓인 시간도 우리에겐
한 달처럼 길게 느껴진 소중한 시간이었다.

　초등학교 때 가까운 친척이 영국으로
이민을 떠나면서, 영국이라는 나라가 내
마음속에 들어왔다. 가까운 가족이 떠난 나라
영국 그리고 런던. 그때부터 '런던'에 대한
어떤 것을 발견하면 이상하게 한 번씩은 꼭
훑어보곤 했다. 그렇게 자연스럽게 접하게 된
'런던'은 늘 언젠가 꼭 가보고 싶은 곳이었다.
'왜 런던이냐'는 질문에 뚜렷한 답은 생각나지
않지만, 누구나 막연하게 '로망'으로 품고 있는
도시 하나쯤은 있는 법이니까.

　마음속에 품고만 있던 런던에 두 번이나
여행을 올 수 있었던 건 정말 큰 행운이다.
런던에 또다시 올 수 있을까? 만약 다음에 또
오게 된다면 그때는 지금보다 더 오랜 시간
머무를 수 있을까?

첫 런던에서 3일, 두 번째 런던에서 5일,
언젠가 가게 될 세 번째 런던은 이보다 더 오래
머무를 수 있었으면 좋겠다.

5 DAYS IN LONDON
DAY 1

구글맵에 가보고 싶은 곳이 보일 때마다 저장해 두었던 별표들이 자꾸만 눈에 아른거려 만든 지도. 누구나 아는 곳도 있지만, 개인적인 취향으로 표시해놓은 곳도 있다. 다녀온 곳과 다녀오지 못한 곳을 모두 모아 날짜별로 묶었다. 지면에 싣는 기준이 있다면 그건… 내 마음?

📍 포토벨로 마켓
Portobello Market

🏠 Portobello Rd, London W11 1AN
☎ +44 131 281 8755
🕐 월~수 9:00~18:00 I 목 9:00~13:00
　　금~토 9:00~19:00
🌐 http://portobellovillage.com/

런던의 대표 마켓인 포토벨로 마켓을 이번 여행에선 다녀오지 못했다. 하필이면 런던에 가장 크게 마켓이 열린다는 토요일에 도착했기 때문. 일요일을 제외한 모든 날에 마켓이 열리긴 하지만, 토요일이 규모가 가장 크고 볼거리가 많다.

📍 홀랜드 파크
Holland Park

🏠 Ilchester Pl, Kensington, London W8 6LU
☎ +44 20 7602 2226
🕐 매일 7:30~해질 녘
🌐 https://rbkc.gov.uk/leisure-and-culture/parks/
　　holland-park

매일 아침 문을 열었다가 '해 질 녘'에 닫는단다. 이런 낭만적인 운영 시간이라니…!

📍 자연사 박물관
The Natural HIstory Museum

🏠 Cromwell Rd, Kensington, London SW7 5BD
☎ +44 20 7942 5000
🕐 매일 10:00~17:50
🌐 http://nhm.ac.uk/

생활영어도 힘든 나에게 자연사를 설명하는 영어를 해석하기란 매우 어려운 일이었지만, 시각 자료와 체험 요소가 상상을 초월한다. 호기심 가득한 아이들에게 인기 만점인 이유가 있다.

📍 리틀 베니스
Little Venice

🏠 6 Park Place Villas, London W9 2PF
☎ +44 303 040 4040
🌐 http://canalrivertrust.org.uk

이탈리아 베니스를 다녀온 사람이라면 실망할지도 모른다는 이곳은 작은 수상 가옥이 모여 있는 것이 베니스와 비슷해 '리틀 베니스'라고도 불린다고 한다. 다음엔 이곳에서부터 쭉 걸어 올라가 런던을 내려다볼 수 있다는 프림로즈힐까지 가보는 것이 목표!

📍 콘란 숍
The Conran Shop

🏠 81 Fulham Rd, Chelsea, London SW3 6RD
☎ +44 20 7589 7401
🕐 월~토 10:00~18:00 I 일 12:00~18:00
🌐 https://wconranshop.co.uk/

쇼윈도만 바라봐도 행복한 인테리어 디자인 소품 가게. 숙소에서 역으로 가는 길에 있어서 매일같이 봤지만, 영업 시간보다 일찍 나가고 늦게 들어오는 우리에겐 그림의 떡이나 다름없었다.

📍 허밍버드 베이커리 - 사우스켄싱턴 지점
The Hummingbird Bakery

🏠 47 Old Brompton Rd, Kensington, London SW7 3JP
☎ +44 20 7851 1795
🕐 매일 9:00~19:00
🌐 https://hummingbirdbakery.com

포토벨로 마켓에서 유명한 컵케이크 전문점이 사우스켄싱턴 역 근처에도 있다! 숙소 근처여서 메모해두었던 곳인데 정작 가보지는 못했다.

Warwick Avenue London
리틀 베니스
BLOMFIELD RD
HARROW RD
EDGWARE RD
Westbourne Park
WEST WAY
Edgware Road
Edgware Road
EDGWARE RD
WESTBOURNE PARK RD
Royal Oak
CHEPSTOW RD
BISHOPS BRIDGE RD
WESTBOURNE TERRACE
Paddington
PRAED ST
SUSSEX GARDENS
Paddington
포토벨로 마켓
PEMBRIDGE VILLAS
23 HEREFORD RD
INVERNESS TERRACE
CRAVEN HILL
PORTOBELLO RD
Bayswater
Lancastter Gate
KENSINGTON PARK RD
Queensway
BAYSWATER RD
Notting Hill Gate
켄싱턴 가든
Holland Park
CAMDEN HILL RD
KENSINGTON CHURCH ST
켄싱턴 팰리스
홀랜드 파크
HOLLAND ST
디자인 박물관
High Street Kensington
로열 앨버트 홀
KENSINGTON RD
QUEEN'S GATE
PRINCE CONSORT RD
EXHIBITION RD
에니스모어 가든스 뮤즈
KENSINGTON HIGH ST
WRIGHT'S LN
키난스 뮤즈
ELVASTON PL
자연사 박물관
빅토리아 앤 앨버트 미술관
EARL'S COURT RD
MARLOES RD
애더스톤 뮤즈
WARWICK RD
CROMWELL RD
Gloucester Road
South Kensington
콘란 숍
WALTON PL
SLOANE
West Kensington
WEST CROMWELL RD
Earl's Court
OLD BROMPTON RD
허밍버드 베이커리
FULHAM RD
CALE ST
WARWICK RD
FINBOROUGH RD
EARLS COURT RD
LILLIE RD
West Brompton
브롬턴 묘지

하루 동안 10km 가까이 걸어 다닌 그야말로 강행군의 둘째 날. 겨우 스니커즈를 신고서 정말 많이도 걸어 다녔다. 어쩌면 계획한 대로 해서 이만큼 걸은 게 아니라, 계획한 대로 하지 못해서 이만큼 걷는 것에서 그쳤던 건 아니었을까?

📍 콜롬비아로드 플라워 마켓
Columbia Road Flower Market

🏠 Columbia Rd, London E2 7RG
☎ +44 20 7613 0876
🕐 일 8:00~15:00
🌐 http://columbiaroad.info/flowermarket

진짜로 꽃을 사랑하는 사람들을 만날 수 있는 곳. 일요일에만 열리는 마켓이니, 이곳에 먼저 들렀다가 천천히 걸어 내려와 브릭레인 마켓을 구경하기를 추천!

📍 세인트 폴 대성당
St. Paul's Cathedral

🏠 St. Paul's Churchyard, London EC4M 8AD
☎ +44 20 7246 8350
🕐 월~토 8:30~16:30
🌐 http://stpauls.co.uk
£ £18(온라인 예매시 £18)

내가 여행했던 2016년도엔 일요일에 전망대만 관람이 가능했는데, 세월이 흐르고 규정이 바뀌었다. 전망대는 정말이지 강력 추천 코스! 다음 여행에도 갈 수 있을까?

📍 바비칸 센터
Barbican Centre

🏠 Silk St, London EC2Y 8DS
☎ +44 20 7638 4141
🕐 센터_ 월~토 9:00~23:00 | 일 11:00~23:00
　　온실_ 일 12:00~5:00
🌐 https://barbican.org.uk

영화, 공연, 전시를 모두 즐길 수 있는 복합예술센터인데 주거 단지까지 같이 있는 독특한 곳이다. 일요일에만 연다는 온실을 가보고 싶다. 런던 한복판에 온실이라니!

📍 브릭레인 마켓
Brick Lane Market

🏠 91 Brick Ln, London E1 6QR
☎ +44 20 7770 6028
🕐 토 10:00~18:00 | 일 10:00~17:00
🌐 http://bricklanemarket.com

나처럼 일찍이 이곳을 찾았다간 한적하다 못해 썰렁한 마켓을 만날 수 있다.

📍 테이트 모던
Tate Modern

🏠 Bankside, London SE1 9TG
☎ +44 20 7887 8888
🕐 일~목 10:00~18:00 | 금~토 10:00~22:00
🌐 http://tate.org.uk

현대미술은 잘 모르지만 한 번쯤 가볼 만 한 곳. 6층 카페에 갔는데 자리가 없다면, 주문을 외워보자. '자리가 생길지어다'

📍 스카이 가든 - 워키토키 빌딩
The Walkie Talkie Building

🏠 20 Fenchurch St, London EC3M 1DT
☎ +44 20 7337 2344
🕐 월~금 10:00~18:00 | 토~일 11:00~21:00
🌐 https://skygarden.london

무료 전망대라 예약이 치열하다. 방문일 기준 2주 전에 오픈되니 갈 계획이 있다면 날짜를 꼭 기억할 것!

📍 픽스 커피
Fix Coffee

🏠 161A Whitecross St, London EC1Y 8JL
☎ +44 20 7998 3878
🕐 월~금 7:00~19:00 | 토 8:00~19:00 |
　　일 9:00~19:00
🌐 https://fix-coffee.co.uk

바비칸 센터를 갈 계획을 하며 주변 장소까지 구글맵으로 찾아보다가 발견했던(그러나 가지 못한) 카페. 다음 여행엔 바비칸 센터에 들렀다가, 픽스 커피에서 커피 한잔해야지.

5 DAYS IN LONDON
DAY 3

예기치 못한 변수에도 유연하게 대처할 줄 아는 자세는 일이나 인간관계뿐 아니라 여행에서도 필요한 것 같다. 그 자세와 함께 필요한 것이 있다면 그건 바로 너그러운 마음. 이 두 가지만 있다면 여행 중 생기는 어떠한 변수에도 새롭게 바라볼 수 있지 않을까?

📍 내셔널 갤러리
The National Gallery

🏠 Trafalgar Square, London WC2N 5DN
☎ +44 20 7747 2885
🕐 매일 10:00~18:00
🌐 https://nationalgallery.org.uk

전 세계적으로 유명한 작품들을 무료로 감상할 수 있는 너무 좋은 갤러리. 갤러리 내 기념품 숍은 지갑을 열게 만드는 물건들이 잔뜩 있으니 마음의 준비를 하고 갈 것.

📍 코톨드 갤러리
The Courtauld Gallery

🏠 Somerset House, Strand, London WC2R 0RN
☎ +44 20 7848 1194
🕐 매일 10:00~18:00
🌐 http://courtauld.ac.uk
£ £8

안타깝게도 2018년 9월 3일부터 대대적인 공사로 인해 2년간 폐쇄. 갤러리 내 대표적인 그림들은 세계 곳곳으로 이사갔다. (자세한 위치는 홈페이지에서 확인 가능)

📍 트와이닝
Twinings

🏠 216 Strand, London WC2R 1AP
☎ +44 20 7353 3511
🕐 월~금 9:30~19:00 | 토 10:30~17:30 |
토 11:00~17:00
🌐 http://twinings.co.uk

홍차에 관심 없는 나조차도 아는 브랜드 '트와이닝'. 왕립 재판소 바로 맞은 편에 있지만 그냥 지나칠 정도로 눈에 띄지는 않는다. 다음 여행을 위해 홍차에 익숙해져야지.

📍 왕립 재판소
Royal Courts of Justice

🏠 Strand, London WC2A 2LL
☎ +44 20 7947 6000
🕐 월~금 10:00~16:30
🌐 http://justice.gov.uk

런던 재판소에 갈 일은 없겠지만, 걷기 좋아하는 사람이라면 주변을 걷다가 만나보면 좋을 풍경. 좁은 길을 걷다 보면 보이는 왕립 재판소 건물과 그 주변을 드나드는 말끔한 차림의 런더너들 속에 잠시나마 런더너가 된 듯한 기분이 든다.

📍 몬머스 커피 - 버로우점
Monmouth Coffee

🏠 2 Park St, London SE1 9AB
☎ +44 20 7232 3010
🕐 월~토 7:30~18:00
🌐 http://monmouthcoffee.co.uk

버로우 마켓에 갔다면 꼭 들러야 할 카페. 물가 높은 런던에서 저렴하게 핸드 드립 커피를 마실 수 있다. 따뜻한 플랫 화이트와 필터 커피를 추천!

📍 버로우 마켓
Borough Market

🏠 8 Southwark St, London SE1 1TL
☎ +44 20 7407 1002
🕐 월~목 10:00~17:00 | 금 10:00~18:00 |
토 8:00~17:00
🌐 http://boroughmarket.org.uk

너무 일찍 가지 말자. 마켓은.

5 DAYS IN LONDON
DAY 4

첫 번째에 이어 이번 두 번째 런던 여행에서도 숙소는 켄싱턴 지역에 있는 곳으로 정했다. 무엇보다 조용하고 깔끔한 동네 분위기가 우리에게 맞았다. 게다가 우연히 알게 된 뮤즈 거리까지! 켄싱턴 곳곳에 있던 뮤즈 거리를 찾아다닌 시간은 마치 보물찾기하는 것처럼 신났다.

셜록 홈즈 박물관
The Sherlock Holmes Museum

🏠 221b Baker St, Marylebone, London NW1 6XE
☎ +44 20 7224 3688
🕐 매일 9:30~18:00
🌐 http://sherlock-holmes.co.uk/
£ £15

나는 소설로 접한 셜록 홈즈가 아니어서 박물관에 입장하진 않았다. 기념품 숍 구경만으로도 충분히 재미있다. 박물관 입장 대신 입구에 있는 경찰 복장의 직원과 기념촬영도 가능하다.

더 월리스 콜렉션
The Wallace Collection

🏠 Hertford House, Manchester Square,
   Marylebone, London W1U 3BN
☎ +44 20 7563 9500
🕐 전시실_매일 10:00~17:00
   레스토랑_일~목 10:00~17:00 | 금~토
   10:00~23:00
🌐 https://wallacecollection.org

박물관 내의 레스토랑에서는 1인당 £19 정도로 비교적 저렴하게 애프터눈 티를 즐길 수 있다. 높은 유리 천장에 핑크빛 벽면이 사랑스러운 곳! 애프터눈 티 시간은 오후 2시 반부터 4시 반까지만 운영하니 시간을 잘 보지 않으면 나중에 마감이라고 쫓겨날지도.

에니스모어 가든스 뮤즈
Ennismore Gardens Mews

🏠 8-1 Ennismore Gardens Mews, Knightsbridge,
   London

켄싱턴 주변에는 여러 뮤즈 거리가 있다. 전문가에게 맡기지 않고 삼각대를 놓고 스스로 사진을 찍어야 한다면 추천해볼 만한 곳. 우리가 셀프 스냅을 찍은 곳이기도 하다. 아기자기한 노팅힐 같은 분위기가 난다.

돈트 북스
Daunt Books

🏠 84 Marylebone High St, Marylebone, London
   W1U 4QW
☎ +44 20 7224 2295
🕐 월~토 9:00~19:30 | 일 11:00~18:00
🌐 http://dauntbooks.co.uk

다양한 책 그리고 나라별 여행책을 구경하는 재미가 있다. 그 야말로 영화 속에 나올법한 서점이다. 비록 에코백이 목적일지언정… 꼭 한번 가볼 만한 곳. 아니면 기념으로 책을 구매해도 좋다. 나처럼!

모노클 카페
The Monocle Café London

🏠 18 Chiltern St, Marylebone, London W1U 7QA
☎ +44 20 7135 2040
🕐 월~수 7:00~19:00 | 목~금 7:00~20:00 |
   토 8:00~20:00 | 일 8:00~19:00
🌐 http://cafe.monocle.com

영국 미디어 기업 모노클에서 만든 카페. 도쿄가 1호점, 여기가 2호점이다. 일본인이 실내 인테리어를 하고 일본인 셰프가 음식을 만드는 카페. 런던에서 느끼는 일본 느낌은 어떨까 궁금하다.

빅토리아 앨버트 박물관
Victoria and Albert Museum

🏠 Cromwell Rd, Knightsbridge, London SW7 2RL
☎ +44 20 7942 2000
🕐 월~목 10:00~17:45 | 금 10:00~22:00
🌐 http://vam.ac.uk/

박물관에 가면 꼭 해야 할 것 :
1. 기념품숍 구경하기 2. 카페에서 차 마시기

5 DAYS IN LONDON
DAY 5

일은 계획을 세워가며 짜임새 있게 잘 해내는 편이지만, 여행에서만큼은 계획에 비해 실행력이 많이 부족하다. 가장 큰 원인은 바로 나의 저질 체력. 런던의 마지막 밤은 떨어질 대로 떨어진 체력 고갈로 아쉽게 보내버렸다. 다음 내 여행의 첫 번째 계획은 무조건 '체력'이다!

📍 리버티
Liberty London

🏠 Regent St, Carnaby, London W1B 5AH
☎ +44 20 7734 1234
🕐 월~토 10:00~21:00 | 일 11:30~18:00
🌐 http://libertylondon.com

평소에 백화점은 잘 가지 않지만, 사진으로만 봐도 고풍스러움이 느껴지는 곳. 지어진 지 140년이 넘은 백화점의 모습이 궁금했다. 비록 물건은 사지 않더라도 구경해보는 건 괜찮지 않을까?

📍 포트넘 앤 메이슨
Fortnum & Mason

🏠 181 Piccadilly, St. James's, London W1A 1ER
☎ +44 20 7734 8040
🕐 월~토 10:00~21:00 | 일 12:00~18:00
🌐 http://fortnumandmason.com

홍차를 잘 모른다고 하더라도 화려하고 다양한 매장 안을 구경하다 보면 자연스레 장바구니가 채워져 있을 것이다. 가까운 지인에게 선물하기에 좋은 패키지 상품이 많다.

📍 버킹엄 궁전
Buckingham Palace

🏠 Westminster, London SW1A 1AA
☎ +44 303 123 7300
🌐 http://royalcollection.org.uk
£ 스테이트룸_ £24
　로열데이아웃_ £42.3

매일(혹은 격일) 11시 30분부터 근위병 교대식이 진행되는 버킹엄 궁전 앞은 사람들로 가득하다. 여름에만 한정으로 공개 되는 궁전 내부는 눈이 아플 만큼 정말 화려하다.

📍 몬머스 커피 - 코벤트가든점
Monmouth Coffee

🏠 27 Monmouth St, London WC2H 9EU
☎ +44 20 7232 3010
🕐 월~토 8:00~18:30
🌐 http://monmouthcoffee.co.uk

한겨울, 첫 런던 여행에서 꼭 가보고 싶어서 갔지만 기다림과 추위에 지쳐 남편과 싸우고 그냥 돌아왔던 추억의 장소. 그땐 지도를 보고 찾아가는 것도 힘들고 어려웠는데, 다시 가면 제법 쉽게 찾아갈 수 있을 것 같다.

📍 엠앤엠월드
M&M's World

🏠 Leicester Square, 1 Swiss Ct, London W1D 6AP
☎ +44 20 7025 7171
🕐 월~토 9:00~25:00 | 일 12:00~18:30
🌐 http://mmsworld.com

익히 아는 그 초콜릿으로 온통 도배된 세계. 구경만 해도 즐겁다. 아무것도 사지 않았다는 게 함정.

📍 세인트 제임스 파크
St James's Park

🏠 London SW1A 2BJ
☎ +44 300 061 2350
🕐 매일 5:00~24:00
🌐 http://royalparks.org.uk/parks/st-jamess-park

버킹엄 궁전 앞에서 펼쳐지는 근위병 교대식을 본 후 살금살금 걸어가 보면 좋을 공원. 백조는 물론 거위, 오리 등 여러 새와 함께 공원을 누빌 수 있다. 공원 곳곳에 놓여 있는 예쁜 덱체어는 이용료가 있으니 조심!(1시간 기준 £1.8)

Hallo, Nederland!

안녕,
네덜란드

대학교 동기가 네덜란드로 유학을 떠났던 게 벌써 4년 전 일이다. 유독 '타입 디자인'에 관심이 많았던 친구는 잘 다니던 회사를 그만두고 학부 시절부터 마음에 품고 있던 대학원에 들어갔다. 서른이 거의 다 되어서 유학이라니. 쉽지 않은 결정이었음에도 용기 있는 선택을 한 친구가 대견했다. 지금 베를린에서 '타입 디자이너'로 활발하게 활동하고 있는 친구를 보면 유학을 떠나기 전부터 노력했던 그녀의 모습이 떠올라 저절로 응원하게 된다. 나는 유학 간 친구 덕분에 그저 '고흐의 나라' 정도로만 여겼던 네덜란드에 조금 더 관심을 갖게 되었다.

유럽의 대표 허브, 자유로운 도시, 튤립의 나라, 자전거 천국, 디자인 강국… 네덜란드의 수도 암스테르담을 부르는 별칭들은 생각보다 많았다. 우리에게 주어진 8일의 일정을 잘 분배해 본다면, 런던에서 암스테르담으로 넘어 가보는 것도 괜찮을 거라 생각했다. 그래서 우리는 네덜란드에서 3일을 보내기로 했다.

런던에서 두 시간 남짓 걸려 암스테르담에 도착했다. 유럽의 대표적인 환승 공항답게 공항 안은 입·출국하는 사람들로 북적였다. 그야말로 인산인해였다. 공항이 원래 그렇겠지만,

스히폴 공항은 특히 더 정신이 없을 테니 가능하면 중앙역으로 들어가는 열차 티켓을 한국에서 미리 사두면 좋다던 친구의 말에 티켓을 미리 사 온 게 천만다행이었다.

우리는 출력해온 열차 티켓을 손에 꼭 쥔 채, 오로지 표지판의 'Train' 글자만 찾아갔다. 정신없는 상황에 온 신경을 열차 타는 것에만 집중하느라 세련된 디자인으로 유명한 공항 내부는 제대로 살피지도 못했다. 그래도 무사히 열차를 탈 수 있어서 다행이었다. 하지만 한숨을 돌릴 틈도 없이 열차를 탄 지 불과 15분 만에 우리는 암스테르담 중앙역에 도착해버렸다.

언제 가도 좋을 여행, 유럽

웰컴 투
암스테르담!

언제 가도 좋을 여행, 유럽

© Hotels.com

숙소를 선택하는 기준과 방법은 사람마다 모두 다르겠지만 나의 경우는 일단 예쁘거나, 아니면 뭔가 끌리는 한 장의 사진에 반해 덜컥 결정하는 경우가 간혹 있다. 물론 가성비도 중요하지만 일단 마음에 무척 들면 때로는 예쁘면(인테리어가 예쁘거나, 혹은 전망이 아름답다거나, 그것도 아니면 숙소 안 가득 예쁜 소품이 놓여 있거나!) 어딘가 불편하거나 조금 부족하더라도 감수할 줄도 알아야 한다며 자신을 합리화한다.

이번 암스테르담 숙소가 그랬다. 호텔 예약 사이트에 소개된 사진 한 장에 반해버렸다. 심지어 호텔 내부가 아닌, 호텔 외관 사진! 런던에 비하면 네덜란드 여행 기간은 절반도 되지 않는데, 비용은 런던의 거의 두 배에 달했다. 하지만 이미 뺏겨버린 내 마음이 움직일 리 없었다. 결국 나는 런던에서 숙박비를 많이 아낀다고 아꼈으니, 2박 3일에 이 정도면 괜찮은 거라고 스스로 합리화하며 50만 원에 달하는 비용을 호텔에 지급했다.

암스테르담 중앙역에서 다시
트램을 타고 호텔에서 가장 근접한
역에 내린 다음, 호텔 위치를 살폈다.
울퉁불퉁하고 좁은 길에서 캐리어를
끄는 건 정말이지 곤욕이었다. 구글맵은
분명 걸어서 10분이면 도착한다고
안내해주었지만 그 짧은 시간이

우리에겐 1시간 같았다. 구글맵 한 번
보고, 거리 한 번 보고, 한 발자국 전진.
또다시 구글맵 한 번 보고, 거리 한 번
보고, 한 발자국 전진…. 우리는 가는
내내 고개를 수도 없이 끄덕여야 했다.
    겨우 찾아간 호텔 외관은 사진에
보이는 그대로였다. 무사히 찾아왔다는

안도감에 한숨이 절로 나왔다.

　　건물 크기에 비해 생각보다 좁은 문을 따라 들어가니 캐쥬얼 복장을 한 남자 직원이 리셉션에서 손님들을 맞이하고 있었다. 직원은 우리에게 웰컴 드링크를 건네주며 체크인을 하기 위한 안내 멘트를 쏟아 냈다. 안내를 하는 중간중간에도 직원은 우리에게 어느 나라에서 왔는지, 암스테르담엔 처음 와봤는지 등등 끊임없이 질문했다. 암스테르담에서도 나름 핫하다는 호텔에 자그마한(?) 동양인 두 명이 왔으니 궁금할 만도

했겠지. 나는 스히폴 공항에서부터 여기에 오기까지 얼마나 긴장 속에 와야 했는지, 걸어오는 내내 구글맵과 거리를 번갈아 가며 확인하느라 목이 뻐근할 지경이라며 너스레를 떨고 싶었지만, 내 영어 실력으론 그저 단답형으로 대답할 수밖에 없었다. 하지만 그 직원은 나의 단답형 대답에도 개의치 않고, 호텔 방 위치부터 조식 서비스 이용 방법까지 친절하게 안내를 하더니 마지막 한 마디와 함께 웃으며 호텔 방 카드키를 건네주었다.

　　"웰컴 투 암스테르담!"

200만 원짜리
감자튀김

Friet Steeg
Heisteeg 2-8, 1012 WC Amsterdam

호텔 체크인을 마친 우리는 출출해진 배를 채울 겸 감자튀김 가게로 향했다. 특별히 친구가 유학 생활 시절 자주 갔던 곳이라며 주소까지 알려준 가게가 마침 호텔 근처에 있었다. 좁은 골목, 울퉁불퉁한 돌바닥, 암스테르담 거리에서만 맡을 수 있는 특유의 이상한 냄새(친구는 아마도 대마초 냄새일 거라고 했다. 대마초가 합법인 나라, 여기는 네덜란드!)에 코를 찡긋하며 걷다 보니 금방 가게에 도착했다.

한 평 남짓해 보이는 아주 자그마한 가게에서는 점원이 열심히 감자를 튀기고 있었다. 주문하려고 메뉴판을 살폈지만, 온통 네덜란드어로만 적혀 있어서 도무지 읽을 수가 없었다. 다행히 당황해하는 우리를 본 가게 점원은 우리에게 친절히 영어로 메뉴를 설명해주었다. 알고 보니 감자튀김의 양을 고르고 원하는 소스를 고르면 되는 것. 우리는 작은 사이즈 하나에 점원이 추천하는 마요네즈 소스로 주문했다.

주문과 동시에 감자가 튀김기에 들어갔다. 튀김기에서 들리는 경쾌한 소리가 우리의 입맛을 돋웠다. 얼마 지나지 않아 갓 튀겨진 감자튀김은 소스가 잔뜩 뒤덮인 채 고깔 모양의 종이에 담겨 나왔다. 감자튀김은 패스트 푸드점에서 나오는 것보다 3~4배는 굵었다. 뒤덮인 소스를 보며 혹시나 느끼하진 않을까 걱정했는데, 보기와 다르게 소스의 맛은 짭조름한 치즈와 고소한 마요네즈를 적절히 섞어놓은 듯한 맛이었다. 우리는 감자튀김 사이 사이로 흘러내리는 소스를 닦아가며

언제 가도 좋을 여행, 유럽

열정적으로 먹었다. 이건 인생 최고의 감자튀김이라며!

하지만 인생 최고의 맛을 너무 느끼려 했던 것일까, 고깔 깊숙이 들어있던 작은 감자튀김을 입에 넣어 씹는 순간 갑자기 입안에서 '우두둑'하는 소리가 났다. 뭐지? 너무 튀겨서 딱딱해진 감자였나 싶어 나는 오물거리며 딱딱한 '그것'을 뱉어냈다. '그것'은 다름 아닌 치아 조각. 예전에 치료하느라 때워놓았던 어금니의 끝부분이 약해졌는지 고작 감자튀김을 먹었을 뿐인데 그만 깨져버린 것이었다.

나는 혹시라도 치아가 더 깨지지 않을까 계속 걱정을 해야 했다. 하지만 걱정은 걱정이고 이 감자튀김은 너무

맛이 있는걸. 치아 끝은 깨져버렸지만 덕분에 나는 감자튀김을 아주 천-천히 그 맛을 음미하며 먹을 수 있었다.

나중에 한국에 돌아와 치과를 간 후, 살짝 깨져버렸던 어금니는 어차피 치료가 필요한 치아였음을 알았다. 그리고 깨진 치아 외에도 치료가 필요한 다른 치아까지 발견되어 결국 나는 200만 원에 달하는 치과 치료를 받아야 했다.

예상치도 못한 목돈 지출에 당황스러웠지만, 한편으로는 오히려 다른 치아들을 조기에 치료할 수 있어서 다행이었다. 이 사건을 계기로 한 가지 얻은 교훈이 있다면, 치과는 제때 갈 것!

LONDON   AMSTERDAM   DELFT

꽃보다
마그넷

Singel Bloemenmarkt
Singel, 1012 DH Amsterdam

암스테르담에 머무르는 3일,
정확히는 2일 동안 이곳의 주요
관광 명소들을 모두 둘러보기란
불가능한 일이었다. 선택과 집중이
필요했다. 우리는 우선 도심 속
많은 명소 중 조금 전 감자튀김
가게에서 멀지 않은 곳에 있는
'싱얼 꽃시장'을 가보기로 했다.

암스테르담 곳곳을 흐르는
여러 운하 중 하나인 싱얼 운하 위로
수상가옥 형태의 꽃시장이 줄지어 있는
'싱얼 꽃시장'이 있다. 생각만큼 큰
규모는 아니다. 그래도 일단 운하 위로
꽃집들이 둥둥 떠있으니 신기했다.
튤립의 나라답게 시장
입구에서부터 튤립 구근과 다양한
꽃들을 종류별로 진열해놓고 있었다.
생전 처음 보는 튤립 구근은 모양새가
마치 마늘 같아서 호기심을 자극했다.
하지만 선인장도 천국으로 보내버리고

언제 가도 좋을 여행, 유럽

마는 놀라운(?) 능력을 지닌 나로서는
호기심에 그칠 수밖에 없었다. 그저
'튤립 구근은 이렇게 생긴 거구나' 하고
생각하는 것으로 만족해야 했다.

꽃도 꽃이지만 '관광지'하면
떠오르는 대표적인 기념품인 마그넷과
에코백, 각종 수공예품과 네덜란드 전통

신발인 나막신 모형까지 기념품이란
기념품은 모두 이곳에 모아 놓았다.

이렇게 온갖 기념품들이 진열되어
있는데 절대 그냥 지나칠 수가 없지.
우리는 살만한 기념품이 뭐가 있나
살펴볼 겸, 상점 한 군데 한 군데
둘러보았다.

우리의 목표는 마그넷!

언제 가도 좋을 여행, 유럽

3~5천 원이면 살 수 있는 자그마한 마그넷 하나에 여행의 추억을 담을 수 있으니 꽤 합리적으로 보이기도 했고, 무엇보다 여행지에서 사 온 마그넷으로 냉장고를 알록달록하게 장식하고 싶기도 했다. 우리는 상점마다 진열된 마그넷을 세심하게 살피기 시작했다. 하지만 이렇게나 많은 마그넷 속 적당한 크기에 적당한 색감, 적당한 금액….

3가지를 모두 만족시키는(내 마음에 드는) 마그넷은 좀처럼 나타나지 않았다. 그 적당함이 대체 뭐길래.

끝내 마음에 드는 것을 찾지 못한 우리는 결국 빈손으로 꽃시장을 빠져나왔다. 여기가 아니더라도 여기저기 구경을 다니다 보면 분명 더 예쁜 마그넷을 발견할 수 있을 거란 희망을 품은 채.

여행은
체력전이다

감자튀김 사건(?) 이후, 암스테르담 시내를 걸으며 이곳저곳을 둘러보았지만, 종일 치아에 신경을 쓰고 있는 탓인지 컨디션은 점점 더 안 좋아졌다. '여행은 체력전이다'라는 말이 그제야 실감이 났다. 시간과 돈이 생기면 언제 어디든지 여행을 떠날 수 있을 거라 생각했는데 이런 체력이라면 어림도 없겠구나 싶은 생각이 들었다.

언젠가 여행을 위해 최소 한 달 전부터 운동하며 여행을 준비한다는 옛 회사 동료 언니의 말이 생각났다. 언니는 적어도 여행을 떠나기 한 달 전부터 지하철역에서 에스컬레이터 대신 계단을 이용한다든지, 평소 집으로 걸어가는 길을 일부러 조금 돌아서 간다든지 하는 식의 자신만의 방법으로 여행 전 페이스를 조절한다고 했다.

거창한 방법이 아닌, 일상에 약간의 변화를 통해 여행을 찬찬히 준비해나가는 모습이 참 언니답다고 생각했다. 나보다 여행 경험이 훨씬 많은 여행자인 언니로부터 받은 무언의 조언은 '누구와 비교할 것 없이 자기만의 방식으로 여행을 준비하고 또 여행하는 것'. 비단 여행뿐 아니라, 삶을 대하는 태도에서도 언니는 내게 자유로움을 말해주고 있었다.

자전거 천국
암스테르담

언제 가도 좋을 여행, 유럽

암스테르담은 그야말로 완벽한
자전거의 도시이다. 자동차보다 더 많은
숫자의 자전거가 도로 위를 활보하고,
3층 규모의 자전거 공용 주차장이 따로
있을 만큼 이곳에서는 자전거가 가장
보편적인 교통수단이다.

여기서는 멋지게 차려입은 채
페달을 밟으며 어딘가로 가는 사람,
등받이가 있는 자전거 뒷좌석에
아이를 태우고 다니는 엄마, 서류
가방을 자전거 앞 바구니에 담은 채
출근하는 직장인의 모습을 흔하게
만날 수 있었다. 자전거와 보행자가
중심인 나라답게 자전거를 타고
다니는 사람들은 자유롭게 도로 위를
활보하고 다녔다. 우리나라에선 흔히
볼 수 없는 풍경이기에 자칫 위험해
보인다는 생각에 불안한 표정을 짓는
나와 달리, 사람들은 별문제가 되지
않는다는 것처럼 무심한 듯 여유로운
표정들이었다.

여행 중 만난 자전거들은 대부분

매일 타고 다닌 흔적이 고스란히
느껴지는 낡은 모습이었다. 군데군데
녹이 슬어 있는 것은 물론이고, 길가에
아무렇게나 세워져 있는 모습은
꼭 자전거를 버린 게 아닌가 싶을
정도였다.

하지만 보기만 해도 생활감이
가득한 그 자전거들엔 알록달록한
구슬이 바퀴에 꿰어져 있는가 하면,
예쁜 조화로 손잡이를 장식해 놓는 등
자전거 주인의 개성이 고스란히 담겨
있었다. 저마다의 방식으로 꾸며져
있는 자전거의 모습이 마치 사소한
것에서부터 오는 소소한 행복이
무엇인지 내게 보여주고 있는 것

같았다. 누군가에게 잘 보이기 위해
혹은 삶을 일부러 드러내기 위해서가
아닌, 삶의 작은 행복을 각자의
방법으로 표현하는 그들에게서 진정한
삶의 여유로움을 느꼈다. 자유로운
삶이라는 게 어쩌면 이런 게 아닐까?

걸치레를 중요하게 여기지
않고, 자전거 하나면 어디든 갈 수
있다고 자신 있게 이야기할 것 같은
이곳 사람들을 보며 암스테르담이 왜
자유로운 도시라고 불리는지 알 것
같았다.

Breakfast
bag

우리가 묵는 호텔 방은 2층에 있었다.
하지만 그 방은 안타깝게도 암스테르담의
멋진 운하를 감상할 수 없는 건물 안쪽
방이었다. 엄연히 '운하 전망' 방을 따로
예약할 수 있는 곳인데, 그만큼의 금액을
더 지급하지도 않았으면서 단지 '특별
요청'란에 '전망'을 적어 놓으면 운 좋게
내어줄 수도 있을지도 모를 거라고 내심
기대했던 욕심이 너무 과했다.

그래도 '전망'을 제외하면 나머지는
호텔 예약 사이트에서 봤던 그대로였다.
마음에 쏙 드는 가구와 소품들로
꾸며진 곳곳을 보며 역시 예약하길
잘했다는 생각이 들었다. 런던에서는
잠시나마 '런더너'가 되어 그들의 삶을
간접적으로나마 누렸다면, 이곳에서는
'관광객'이 되어 호텔에서 제공해주는
서비스를 마음껏 누리기만 하면 될 것
같았다.

짧은 일정이었지만 그중에서도
가장 잘 누린 건 바로 '무료 조식 서비스'.
'Breakfast bag' 글자가 적힌 쇼핑백에
인원수와 원하는 시간을 체크한 다음,
잠들기 전 문고리에 걸어 놓으면 다음날
체크한 시간에 맞춰 쇼핑백에 간단한
아침거리를 담아 다시금 문고리에 걸어주는
서비스였다. 우리가 잠든 사이, 몰래 아침을

담아주고 간다니…. 이런 귀여운 발상은
어떻게 한 걸까? 주스와 요거트, 바나나
정도의 간단한 아침이지만 덕분에 숙박하는
동안 아침 걱정은 하지 않아도 돼서 좋았다.

빈 쇼핑백을 문고리에 걸어 놓으며
다음날 가득 채워질 모습을 상상하며
잠자리에 드는 일. 역시 이 호텔, 인테리어만
예쁜 게 아니었어…!

매일 아침 문고리에 걸려있던 작은 행복

Good morning,

Please fill in and
hang this outside your door
before you go to bed.

orange juice
granola yogurt
& a banana

맛(없)는
무료 크루아상

푹신하고 편안한 호텔 침구 덕분인지 한결 가벼운 아침을 맞았다. 우리는 쇼핑백에 들어있는 요거트와 과일로 아침 식사를 해결한 후, 암스테르담 중앙역으로 향했다. 네덜란드 주변의 작은 도시 중 하나인 '델프트'로 가기 위해서였다.

"커피 무료 쿠폰이 있는데, 이걸로 마시면 되겠다. 크루아상도 주나 봐!"

나는 남편에게 열차 티켓에 같이 인쇄된 쿠폰을 보여주며 말했다. 한국에서 미리 출력해온 티켓 옆에는

크루아상과 커피가 나온 사진과 함께 네덜란드어로 무언가 잔뜩 쓰여 있었다. 티켓 옆에 딸린 모양새라면, 분명 이건 무료 쿠폰일 거라 생각했다.

마침 1시간이나 가야 하는데 잘됐다고 생각한 우리는 미리 승강장 위치를 파악한 후, 인쇄된 글자와 똑같이 생긴 간판의 가게를 찾아갔다. 가게에 도착한 나는 직원에게 쿠폰을 내밀었다. 받아든 직원은 계산대 앞에서 잠시 갸우뚱하더니, 계산대에 적힌 금액을 가리키며 네덜란드어로 뭐라

말을 했다. 어라, 무료가 아닌가? 잠시 당황했지만, 최대한 침착하게 나는 직원에게 무료 쿠폰이 아닌지를 물었다. 내 질문에 그는 자판을 계속 두드리는가 싶더니, 이내 곧 다른 직원까지 불러와 내가 준 종이를 가리켜 가며 서로 이야기하기 시작했다. 자기들끼리 한참 이야기를 하더니, 나중에 온 직원은 나에게 이 쿠폰은 모두 무료가 아니라 커피를 사면 크루아상을 주는 건데 어떻게 하겠냐고 물었다. 아, 무료가 아니구나.

"그럼 두 잔 주세요."

더이상 기차 시간이 늦어질까 봐 시간을 지체할 수 없었다. 결국 우리는 두 잔의 커피값을 내고 커피 두 잔, 크루아상 두 개를 받아들고, 서둘러 기차에 올라탔다. 무료인 줄 알고 좋아했다가 아침부터 이게 무슨 고생이람. 공짜는 역시 함부로 좋아하면 안 되는 건가. 어쨌거나 나는 아침부터 고생했다며 커피 한 모금, 그리고 크루아상 한 입을 베어 물었다. 하지만 애석하게도 아침부터 고생한 나의 노력이 무색하게 크루아상은 정말이지 맛이 없었다.

여행도시
정하기

언제 가도 좋을 여행, 유럽

런던에 이어 암스테르담으로 여행을
가겠다고 마음먹고 항공권까지 구매해둔
어느 날, 나는 가이드북을 사기 위해 서점에
있는 '여행'코너를 찾았다. 정작 책을
사놓고는 책에서 얻는 정보보다는 웹서핑을
통해 얻는 정보가 더 많다는 걸 잘 알고
있으면서도 으레 꼭 책을 사고 마는 건,
나에게는 일종의 '의식'과도 같아서.

그런데 런던, 파리 등 대도시와 달리
암스테르담, 심지어 네덜란드를 한 권으로
엮어낸 여행책은 보이지 않았다. 수많은
가이드북 중 그나마 '네덜란드'를 많이
소개하고 있는 책을 고른 나는 그때부터
책을 비롯하여 네덜란드를 먼저 여행한
사람들이 올려놓은 수많은 여행기를
웹서핑을 통해 읽었다.

네덜란드는 유럽을 여행하는
배낭여행자들에겐 대부분 경유지로
쉬어가는 거점과도 같은 나라였고, 일반
여행객들에게도 대부분 다른 도시와 함께
묶어서 여행하는 경우가 많아 보였다.
그래서 네덜란드만 다룬 가이드북은 따로
없는 걸까? 내가 찾은 정보로는 사람들은
길어야 대부분 2~3일 정도를 여행하는

듯했다. 그리고 사람들은 짧은 일정에도 암스테르담 외에 근교의 다른 도시로 네덜란드의 전형적인 풍차마을로 유명한 '잔세스칸스'를 많이 다녀왔다.

여행을 많이 다녀보지 않았고, 더구나 처음 가보는 곳이라면 일단 사람들이 많이 가는 곳에 발을 딛어보는 게 안전하다.

그런데 이상하게 '잔세스칸스'는 마음에 잘 와닿지 않았다. 유명하니까 가보고는 싶지만 또 한편으로는 너무 유명해서 가기 싫은 마음, 정말 말도 안 되는 게 이유라면 이유였다. 그러다 웹서핑을 하던 중 델프트라는 도시를 발견했다. 아기자기한 풍경이 마치 동화 속 마을 같았다.

그래, 여기다!

언제 가도 좋을 여행, 유럽

암스테르담 호텔을 사진 한 장 보고 결정했듯, 이번에도 나는 이미지에 이끌려 네덜란드에 머무르는 3일 중 하루를 델프트에 투자하기로 했다. 잔세스칸스보다 상대적으로 사람들이 많이 가보지 않은 도시였지만 유명한 도자 브랜드 '로열 델프트'의 고장, 「진주 귀걸이를 한 소녀」라는 명작을 탄생시킨 요하네스 페르메이르의 고향, 세계적으로 유명하다는 델프트 공대가 있다는 정보는 인터넷 검색을 통해 금방 찾을 수 있었다.

아직 가보지 않은 도시 델프트. 검색, 그리고 사진 속 델프트의 풍경을 보며 나는 이미 마음속으로 델프트라는 도시를 상상하며 그리고 있었다.

언제 가도 좋을 여행, 유럽

Kek - De koffiebar van Delft
Voldersgracht 27, 2611 EV Delft.
kekdelft.nl

델프트의 예쁜
브런치 카페, Kek

기차를 타고 한 시간을 달려 델프트에 도착했다. 화창한 날씨를 기대했지만 우리가
도착하기 직전에 비가 그쳤는지 길은 온통 축축하게 젖어있었다. 하지만 비 온 뒤의 모든
풍경은 명도와 채도가 높아져 더욱 선명했다. 점심식사를 하기엔 조금 이른 시간이었지만,
우리는 브런치를 먹을 생각으로 미리 검색해놓았던 카페를 찾아갔다.

좁고 긴 복도 형태의 내부, 간격이
좁은 테이블이 놓여 있는 카페 안은
이미 많은 사람으로 북적이고 있었다.
우리는 손님들로 가득 채워진 테이블
사이에 하나 남은 2인석 테이블에
겨우 자리를 잡고 앉아 테이블 위에
놓인 메뉴판을 살폈다. 하지만 온통
네덜란드어로 적혀있는, 사진 하나 없는
메뉴판이었다.

사진이라도 있으면 좋으련만, 어쩔
수 없이 나는 카운터에 있는 직원에게
영어 메뉴판이 따로 있는지를 물었다.
하지만 돌아오는 대답은 "No". 대신
영어가 가능한 직원이 있으니 그를
불러주겠다며 다른 쪽에서 테이블을
정리하고 있던 남자 직원을 불렀다.

정리를 마치고 우리에게 온
남자 직원은 우리에게 메뉴판에 있는
모든 메뉴를 영어로 하나씩 차근차근
친절하게 설명했다. 그렇게 우리는
런던에 이어 또다시 영어 듣기평가를
했다. 그는 우리에게 각 메뉴에 들어간
주재료는 어떤 것들인지, 차가운
샌드위치인지, 뜨거운 샌드위치인지를
상세히 알려주었다. 이렇게나 친절히
설명해주는데 겨우 반만 알아들은 게

미안해질 정도였다. 영어 듣기평가의
핵심은 포인트 단어만 기억하는 것.
우리는 'Special 샌드위치'와 'Hot
샌드위치' 그리고 커피와 스파클링
주스를 각각 주문했다.

마음은 늘 평화롭고 여유로운
느긋한 여행을 하고 싶다. 하지만
언어의 두려움, 예기치 못할 상황에
대한 온갖 걱정이 많은 나에게는 늘

쉽지 않은 일이다. 어쨌든 여행은 왔고 그래도 여행 중 유일하게 느긋해질 수 있는 순간은 바로 카페나 식당에 앉아 주문한 것을 기다리는 시간!

예상치 못했던 듣기평가를 무사히 마치고 나니 그제야 가게 안 풍경이 눈에 들어왔다. 복잡하지만 왠지 정겨운 카페의 모습. 우리가 앉은 테이블 양옆의 테이블은 같이 온 일행이라고 해도 믿을 만큼 매우 좁은 간격을 두고

있었지만 양 옆에 앉은 사람들은 각자 마주 보고 앉은 상대방과의 대화에만 집중했다.

영어 메뉴판이 따로 있었더라면 네덜란드어를 모르는 외국인 손님에게 직원이 일일이 메뉴를 설명하지 않아도 되니 오히려 더 편하지 않았을까 싶기도 했지만 테이블 간 좁은 간격, 그리고 북적이는 손님들의 모습을 보니 번거롭긴 하더라도 메뉴를 하나씩

언제 가도 좋을 여행, 유럽

설명해주는 직원과 그 직원의 말에 귀
기울여 듣는 손님의 모습이 이곳과 더
어울리겠다는 생각이 들었다. 먼저 나온
음료를 마시고 있으니 우리도 제법 이
풍경 안에 자연스럽게 녹아드는 것 같아
마음이 평온해졌다.

한창 분위기에 빠져있을 즈음,
샌드위치가 나왔다. 사실 거의
그냥 찍어서 골랐다고 해도 무방할
메뉴였지만 주문은 성공적이었다. 잘
잘린 호밀빵 위로 리코타 치즈, 채소와
베이컨, 얇은 햄 위로 소스가 뿌려져
있는 Special 샌드위치, 그리고 따뜻한
토마토소스와 함께 햄과 채소, 치즈를
골고루 넣어 바삭하게 구워 나온 Hot
샌드위치였다.

아, 브런치를 먹어본 게 얼마
만이더라…. 이렇게 느긋하게 앉아
브런치를 먹으니 왜 한국에선 이런
여유를 누리지 못했을까 하는 생각과
함께 우리도 이제 제법 여행에서 여유를
누릴 줄 아는 것 같아 뿌듯하기도 했다.

언제 가도 좋을 여행, 유럽

결혼
축하해요!

언제 가도 좋을 여행, 유럽

식사를 마치고 밖으로 나오니, 가게 앞 벤치에선 웨딩촬영이 한창이었다. 하얀 웨딩드레스를 입은 신부와 한국에선 보기 드문 푸른빛 정장 차림의 신랑, 그리고 카메라를 들고 있는 여자 사진작가까지 총 세 명. 막 찍어도 화보처럼 나올 만큼 예쁜 동네, 카페 바로 앞에서 촬영하는 모습이 신선했다.

벤치에 앉아 촬영하던 그들이 이제는 자리에서 일어나 거리를 걸어가며 촬영을 이어갔다. 카메라 두 대를 양쪽 어깨에 걸친 채 번갈아 들며 포스를 가득 내뿜던 사진작가는 사랑스럽고 자연스러운 커플의 모습을 담기 위해 뒷걸음도 마다하지 않으며 연신 카메라 셔터를 눌러댔다. 우리는 마치 열정적인 작가와 사랑스러운 둘의 모습에 홀리기라도 한 듯, 자연스레 그들 뒤를 따라 걷기 시작했다. 그러다 보니 우리는 어느새 델프트의 시내 중심에 있는 시청사에 다다랐다.

건물 주변에는 하객으로 보이는 사람들이 모여있었다. 시청사 건물을 결혼식 장소로 대관해주는 듯했다. 얼떨결에 무리에 끼어 구경하고 있는데 이번엔 다른 커플이 환호 소리를 들으며 건물 밖으로 걸어 나왔다. 아무래도 이날은 여러 커플의 결혼식이 있는 모양이었다. 주변은 어느새 사람들의 박수 갈채와 환호성으로 가득 채워졌다.

비록 네덜란드어는 전혀 알아들을 수 없지만 그들을 축하해주는 사람들의 진심은 표정과 분위기만 보아도 충분히 가늠할 수 있었다. 오늘 결혼하는 커플을 본 적도, 앞으로 볼 일도 없지만, 그 순간에는 나도 그들과 함께 진심을 담아 힘껏 박수를 쳤다.

"결혼 축하해요!"

오르지 못해도
괜찮아

●
Nieuwe Kerk
Markt 80, 2611 GW Delft
oudeennieuwekerkdelft.nl

이번 델프트 여행을 준비하며 가장 고대했던 것은 신교회 전망대에서 내려다보는 델프트의 풍경이었다. 날씨 좋은 날 이 전망대에 오르면 델프트 바로 옆 동네인 로테르담과 헤이그까지도 보일 만큼 멋지고 드넓은 풍경을 볼 수 있다고 했다. 어느 지역을 여행하더라도 그 지역의 높은 곳에서 바라보는 풍경은 대부분 그 지역의 포인트가 아니겠는가! 우리는 날이 조금 흐리긴 했지만 그래도 별문제는 없을 거란 기대감에 잔뜩 부푼 채, 조금 전 결혼식 장면을 보았던 시청사 맞은편에 있는 신교회로 향했다.

'The tower is closed.'

하지만 교회 입구에서 우리가 마주한 건 다름 아닌 올라갈 수 없다는 문구가 적힌 게시판이었다. 바람이 많이 불거나 흐린 날씨에는 안전상의 이유로 전망대를 폐쇄한다고 했다.

날씨 탓을 누구에게 돌리겠냐만, 이렇게 기회가 날아갔다는 생각에 허무했다. 하는 수 없이 우리는 교회 내부만 둘러보기로 했다. 흐린 날씨여서 그런지 어둡고 웅장한 교회 안이 더 쓸쓸해 보였다.

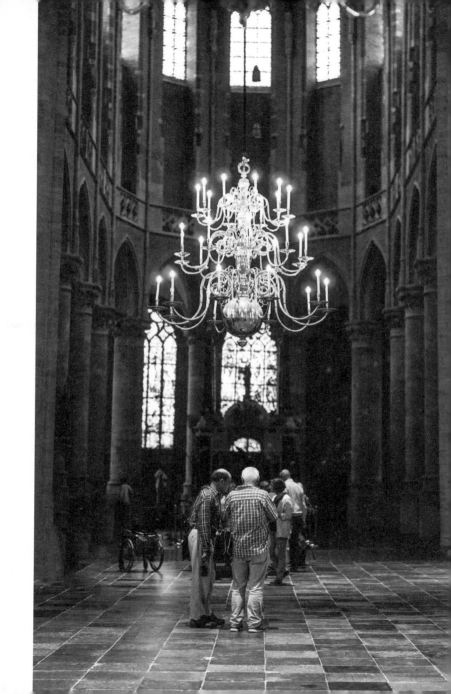

좀처럼 가시지 않는 아쉬움에 구경하는 것에 점점 흥미를 잃어갈 때쯤, 나와는 너무 다르게 호기심 가득한 눈으로 교회 안 곳곳을 구경하는 다른 관광객들이 눈에 띄었다.

'저 사람들도 분명 오늘 전망대에 올라가지 못해 아쉬움이 크겠지?'

생각해보니 전망대에 오르지 못한 건 나만 서운한 일이 아니었다. 함께 온 동행인과 소곤소곤 이야기하는 사람도, 자신만의 시선으로 조용히 카메라 셔터를 누르는 사람도. 이곳에 있는 사람들은 아쉬움을 달래며 모두 각자의 방식으로 이곳에 남아 곳곳을 둘러보고 있을 뿐이었다.

아무리 계획을 잘 세워도 계획대로 되지 않는 것이 인생인데 여행은 오죽할까. 원했던 풍경을 보지 못했다는 이유로 아쉽고 서운한 감정에 휩싸여 지금의 상황을 제대로 즐기지 못한 것을 반성했다.

지금 오르지 못해도 괜찮아. 비록 언제가 될진 모르지만 덕분에 다음에 또 올 수 있는 기회가 생긴 것이니까.

언제 가도 좋을 여행, 유럽

LONDON   AMSTERDAM   DELFT

델프트
구교회

•
Oude Kerk
HH Geestkerkhof 25, 2611 HP Delft
oudeennieuwekerkdelft.nl

우리는 델프트를 떠나기 전,
신교회에 이어 마지막으로 구교회를
찾아갔다. 델프트역에 내려서 시내
중심가를 향해 걸어가는 길목 저 멀리에
가장 먼저 보였던 건물이다. 기울어진
채로 우뚝 솟아있는 모습은 멀리서
바라봐도 단연 돋보일 수밖에 없었다.

어둡고 웅장한 분위기가 강하게
느껴졌던 신교회 내부와는 달리,
구교회 내부는 상대적으로 밝고 환했다.
형형색색의 스테인드글라스가 하얀
벽에 대조되어 더욱 화려하게 보였다.

기울어진 건물이라서 '델프트의
피사의 사탑'이라고도 불린다는 것 외엔
별다른 정보가 없었던 나는 한쪽에
놓인 교회 소개 브로슈어를 챙겼다.
브로슈어에 적힌 모든 내용을 완벽하게
이해하지는 못했지만, 이곳은 요하네스
페르메이르가 잠들어 있는 곳이라는
것, 그리고 교회 탑은 오래전부터 지반

침하로 인해 조금씩 기울어졌지만,
계속된 보수공사로 지금은 다행히도
2미터 정도만 기울어진 채 멈춰있는
안전한(?) 상태라는 걸 알 수 있었다.

그 당시 델프트에 살고 있던
시민들은 점점 기울어져 가는 교회 탑을
보며 언제 붕괴할 지 모를 두려움에
떨며 매일을 살아야 했다. 그러나
붕괴를 우려해 탑을 무너뜨리려 했던
시의 계획에는 거세게 반대했다.
탑이 무너져 자신들을 위협할지도
모를 상황이었음에도 늘 곁에 있었던
건축물을 지키고자 했던 마음. 그
마음들이 쌓이고 쌓여 지금의 아름다운
델프트가 될 수 있었던 게 아닐까. 문득,
눈앞에 놓인 순간의 두려움보다 조금
더 멀리 내다볼 수 있는 그들의 넓은
마음을 닮고 싶어졌다.

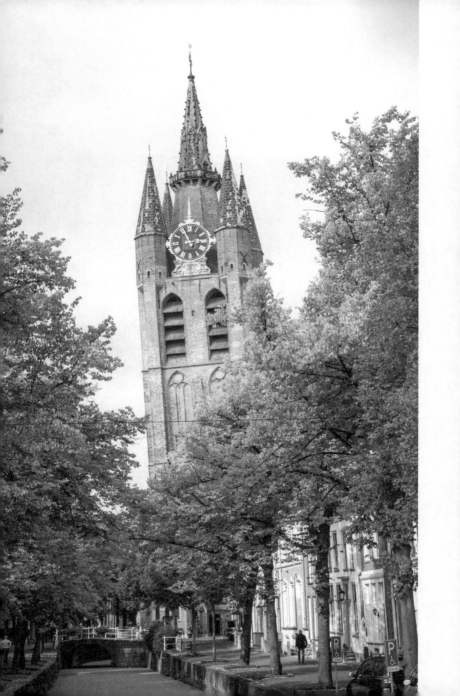

언제 가도 좋을 여행, 유럽

낭만 커피
분위기 한 잔

델프트에도 많은 운하가 도로 사이사이에 흐르고 있었다. 암스테르담 시내에 있는 운하보다는 더 낮고 폭이 좁았다. 자칫 발을 헛디뎠다간 그대로 물에 빠질 것 같았다. 운하의 수면과 도로와의 높낮이 차이가 얼마 되지 않는 데다가, 더욱이 우리가 간 날엔 운하 위로 녹조 비슷한 것이 잔뜩 뒤덮여 있어 얼핏 보면 잔디밭으로 착각할 정도였다. 아무 생각 없이 휴대폰만 쳐다보며 걷다가 잘못하면 그대로 운하에 빠질지도 모를 일이었다. 아니면, 초보 운전자가 운하 옆에 주차하다가 자칫 실수라도 했다가는…. 별 상상을 다 해가며 걷는 델프트 거리는 암스테르담의 축소판 같아 왠지 모르게

언제 가도 좋은 여행, 유럽

더 정겨웠다.

　가이드북에서는 네덜란드에 유독
카페가 많은 건, 카페 문화가 발달했기
때문이라고 했다. 이들은 자신만의 단골
카페를 몇 군데 정해두고 그날그날의
기분에 따라 카페를 골라서 찾아다닐
만큼 카페에 가는 것을 즐긴다고 했다.
예를 들면, 비가 와서 감성에 젖어
든 날엔 큼직한 창문이 있는 카페에
가서 내리는 비를 바라보며 커피를
마신다던가, 느긋하게 여유 부리고
싶은 날엔 다락방에 온 듯한 편안함이
묻어나는 카페에 가서 푹신한 의자에
기대어 책을 읽는다든가 하는 식이다.
그들에게 카페는 커피를 마시는 장소에
그치지 않는 하나의 문화였다.

    곳곳의 크고 작은 다양한 카페들은 각자의 개성대로 꾸며져 '나만의 단골 카페'를 정하는 데 있어서 선택의 폭을 다양하게 제공해주는 기준이 되어줄 만했다. 그도 그럴 것이, 한쪽엔 운하가 흐르고 다른 한쪽엔 동화 속에 나올법한 아기자기한 건물들이 줄지어 있었다.

    여기선 그냥 물 한 잔만 마셔도 감성에 젖어 들 것 같았다. 이런 곳에서 마시는 커피 한 잔은 종류를 불문하고 낭만 가득한 커피일 것이고, 커피를 한 모금씩 마실 때마다 분위기는 덤으로 얻을 수 있는 행복이지 않을까. 이곳 카페에 앉아 풍경을 바라보며 커피 한 잔 마시는 모습은 상상만으로도 이미 낭만 그 자체였다.

    카페 안과 밖, 그리고 그곳에 어우러진 사람들의 여유로운 모습은 바라만 보고 있어도 그 행복감이 고스란히 전달되는 듯했다.

아기자기한 동화마을
델프트

언제 가도 좋을 여행, 유럽

저녁에 예약해둔 '반고흐 미술관' 입장 시간을 맞추려면 슬슬 델프트를 떠나야 했다. 내내 흐렸던 하늘은 떠날 때가 되어서야 맑아지기 시작했다.

누군가는 델프트를 '2시간이면 충분히 둘러보고도 남을 작은 마을'이라고 소개했다. 하지만 적어도 나에게는 2시간이 아니라, 2일을 머물러보고 싶을 만큼 매력적인 도시였다.

돌아오는 기차 안, 우리는 같은 마음으로 행복해하고 아쉬워했다. 겨우 반나절 돌아보고 두 도시를 비교한다는 게 말이 되지 않겠지만 암스테르담에 머무른 시간에 비해 델프트에서 머무른 시간은 분명 훨씬 적었음에도 이상하리만큼 델프트에 좀 더 마음이 기울었다. 아무래도 여운이 오랫동안 기억될 것 같은 곳.

적당한 사람들, 적당한 카페, 걷기 좋은 거리, 걸어 다니며 느꼈던 곳곳의 아기자기한 풍경들, 사랑스러움이 소소하게 드러나는 마을. '도시' 보다는 '마을'이라고 부르는 게 더 어울리는 곳. 화내는 사람들도 없을 것 같은 델프트, 이 작은 마을에 사는 사람들이 유난히 부러웠다.

언제 가도 좋을 여행, 유럽

없으면 없는 대로
즐기는 여행

●
I Amsterdam
Hobbemastraat 19, 1071 XZ Amsterdam
iamsterdam.com

언제 가도 좋을 여행, 유럽

우리는 다시 기차를 타고 한참을
달려 암스테르담 중앙역에 도착했다.
처음 도착했던 날에 비하면 조금 나은
편이었지만 여전히 중앙역은 정신이
없었다. 우리는 역을 겨우 빠져나와
곧장 암스테르담 시내에 박물관이
몰려있는 '박물관 지구'로 향했다.

암스테르담 국립미술관 앞에 놓인
유명한 'I amsterdam' 조형물은 이미
사람들에 둘러싸여 잘 보이지 않았다.
사진으로 많이 접했던 곳에 사람들이
가득 있으니, 언젠가 인터넷에서 본
'유명 관광지의 이상과 현실'이라는
제목의 글이 생각났다. 유명한 관광지를
여행할 때 꿈꾸는 '이상적인 풍경'과
실제 여행지에서 겪는 '현실적인
풍경'을 서로 사진으로 대조해가며
비교해놓은 글이었다.

예를 들면, 누구나 파리의 에펠탑
앞 잔디밭에 돗자리를 펴고 앉아
도시락을 꺼내 먹으며 여유롭게
에펠탑을 바라보는 이상적인 풍경을
꿈꾸지만, 실제로는 전부 그런 사람들로
빼곡히 채워진 잔디밭에 겨우 다리를
모으고 앉아 에펠탑은커녕 옆 사람의
눈치를 봐야 하는 여행의 현실, 뭐 그런

것이다.

내가 본 사진에 이곳은 없었지만, 적어도 그에 못지않은 비교 샷이 되기에 충분했다.

"도대체 저긴 어떻게 올라간 거지?"

계단이 있는 것도 아닌데, 신기하게도 사람들은 그 거대한 알파벳 위에 잘도 올라가 잔뜩 신난 표정으로 연신 포즈를 취해가며 인증샷을 남기고 있었다. 역동적으로 사진을 찍는 그들의 모습을 보고 있으니 마치 내가 올라가 있는 것처럼 아찔했다.

조형물 앞으로 드넓게 펼쳐진 잔디밭에서도 어떤 이들은 셀카를, 어떤 이들은 삼각대까지 펼쳐놓으며 적극적으로 사진을 찍고 있었다. 우리도 저들처럼 셀카 행렬에 동참하고 싶었다.

남편과 나, 둘 다 카메라를 가지고 있는데 겨우 휴대폰 셀카로 만족할 순 없지. 기왕 찍는 거 화질 좋은 카메라로

남기고 싶었다. 잔디밭에 앉아 가방을 삼각대 삼아 뷰파인더 속 구도를 맞췄다. 평소대로라면 이 많은 사람의 시선을 일일이 신경 쓰느라(실제론 아무도 신경 쓰지 않지만) 굉장히 어색해 할 텐데, 이상하게 이 순간만큼은 주변 사람들 시선이 전혀 느껴지지 않았다. 카메라를 타이머로 맞춰놓고 제시간에 프레임 안으로 들어오겠다고 연신 숨 가쁘게 뛰어와선 아무렇지 않은 척하며 카메라를 바라보는 남편의 모습이 너무

웃겨서 사진을 찍는 내내 웃음이 가시질 않았다. 여행지에서 가장 크게 웃고 신났던 순간이었다.

없으면 없는 대로, 상황에 맞는 방법은 언제나 어떻게든 생기게 마련이니까. 삼각대도, 카메라 리모컨도 없었지만 우리는 그 순간을 있는 그대로 마음껏 즐겼다.

여행하는
방법

활발하고 적극적인 사람의 여행
스타일에 비해 우리의 여행 스타일은 다소
조용하고 소극적인 편이다. 그래서 우리의
여행이 누군가의 감정선에 어떤 작은
울림을 줄 수 있을 것이라고는 생각하지도
못했다.

우리가 하는 여행은 남들에 비해 잘
먹고 다니는 여행도(맛집 투어 따위 없는 여행),
다양한 곳을 많이 다니는 여행도(효율적이지
못한 여행) 아니었으니까. 실제로 누군가는
우리의 여행이 너무 잔잔하다 못해 지루할

것 같다는 이야기를 은연중에 하기도 했다.

하지만 각자 살아온 인생이 다 다른데 여행하는 방법이라고 모두 같을 수 있을까? 만약 여행하는 방법에 정답이 꼭 있어야 한다면 오히려 '각자의 방식대로 풀어나가는 여행'이라는 말이 정답에 가까울지 모르겠다. 그렇다면, 다른 여행자들에 비해 덜 먹고 덜 다녔을지언정 이것 또한 하나의 여행을 하는 방법이라 생각한다면… 나의 여행도 누군가에게는 조금이나마 작은 울림을 줄 수 있을지도

모른다는 '희망' 정도는 가져도 괜찮지 않을까?

여행하며 마음에 품게 된 '여행하는 삶'이라는 말. 사실 마음에 품긴 했지만 무언가 막연하게만 느껴질 뿐이었는데 지금 다시 생각해 보니, 여행하는 삶이라는 말은 어쩌면 '여행을 통해 삶을 살아간다'는 말인 것 같다.

어설픈,
우리의 마지막 만찬

언제 가도 좋을 여행, 유럽

●

Café Loetje
Johannes Vermeerstraat 52, 1071 DT
Amsterdam
amsterdam.loetje.com

사진을 찍으며 한참 동안 잔디밭에 앉아 여유를 부리고 있을 무렵, 문득 미술관에 가기 전에 저녁을 해결해야 한다는 생각이 들었다. 7시에 예약해둔 반고흐 미술관을 제대로 관람하려면 그 전에 배를 든든히 채워놔야 할 것 같았다.

우리는 눈에 보이는 아무 곳이나 들어가 저녁을 해결할까 생각했다. 하지만 여행 초보인 우리에겐 이마저도 모험과 같은 일이었다. 마침 광장 한켠에 있던 핫도그 트럭이 보였다. 그냥 핫도그로 저녁을 대충 해결할까 싶어 트럭으로 갔는데 하필 그날은 장사하지 않는지 트럭 문은 굳게 닫혀 있었다. 결국 우리는 그 자리에서 '암스테르담 맛집'으로 검색해 후기가 가장 많은 스테이크 전문점에 가보기로 했다.

제법 큰 규모의 식당엔 이미 많은 손님들로 북적이고 있었다. 약간은 무표정한 표정의 식당 직원은 우리를 야외 테라스 자리로 안내했다. 우리는 주문하기 전 다른 테이블에 앉은 사람들은 어떤 메뉴를 주문했는지 둘러보았다.

스테이크 전문점답게 스테이크를 주문한 사람이 가장 많았다. 그다음으로는 햄버거. 우리는 스테이크와 버거를 주문하기로 하고 직원을 향해 손짓했다. 하지만 직원은 아무리 손짓을 해도 우리가 보이지 않는지 오질 않았다.

"우리가 작아서 안 보이나 봐."

세계에서 평균 키가 가장 큰 나라가 네덜란드라더니 우리처럼 키가 작은 사람들은 보이지도 않나 보다며 우리끼리 키득키득하며 웃고 있을 때, 한 직원이 우리에게 성큼성큼 다가왔다. 키가 190cm는 돼 보이는 여직원이었다.

그녀는 허리도 굽히지 않은 채 다소 시큰둥한 말투로 우리를 내려다보며 주문을 받았다. 안 그래도 영어로 말해야 해서 괜히 긴장되는데, 다소 화난 듯한 그녀를 보며 고개까지 한참 들어 올려 주문을 하려니 영 달갑지 않았다.

여하튼 긴장 속에 주문을

마치고 나니, 얼마 뒤에 예상했던 모습의 버거와 예상하지 못한 모습의 스테이크가 나왔다. 소스가 담긴 접시 위에 고깃덩어리만 덩그러니 홀로 있는 모습이 어딘지 초라하게 보였다. 사이드 메뉴라도 추가로 주문할 걸 그랬나 싶을 정도였다.

하지만 주문을 받았던 직원의 시큰둥했던 얼굴이 자꾸 떠올라 더이상 추가 주문은 하지 않기로 했다.

다행히 음식은 맛있었다. 괜한 눈치를 보는 것 같은 불편한 마음을 지닌 채 그렇게 낯선 나라, 낯선 동네에서 우리는 어설픈 마지막 만찬을 즐겼다.

꿈꾸는 화가,
빈센트 반 고흐

언제 가도 좋을 여행, 유럽

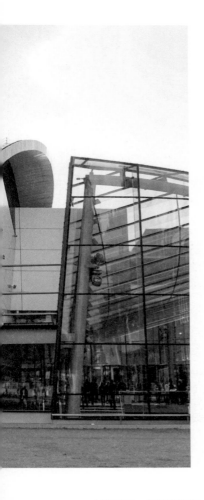

드디어 이번 여행에서 가장
기다렸던 시간이 다가왔다. 내가
암스테르담에 오기로 한 가장 큰 이유,
'빈센트 반 고흐'의 영혼을 가까이에서
느낄 수 있는 반고흐미술관에 온
것이다. 나에게는 꿈에서나 가능할
만한 일이 실제로 일어난 것이나
다름없었다. 한국에서 미리 온라인으로
티켓을 예매했던 순간부터 지금 이곳에
오기까지 얼마나 많은 기대감으로
기다려왔는지!

나는 여행 오기 전부터 줄곧
고등학생 때 처음 읽었던 낡고 오래된
책 「반 고흐, 내 영혼의 자서전」(학고재)을
다시 한번 읽어보는가 하면, 반 고흐의
일생을 그린 다큐멘터리형 영화 '반
고흐: 페인티드 위드 워즈(Van Gogh: Painted
with Words), 2010'를 찾아서 보기도 하는
등 고흐를 만나기 위해 만반의 준비를
해왔다. 머릿속 어딘가에 묻혀있는

기억을 다시금 되살려 가장 생생하고
선명한 모습으로 그의 작품들을
감상하고 싶었다.

　　오후 7시가 되자마자, 우리는
직원에게 티켓을 보여주고 미술관으로
입장했다. 실내 사진 촬영은 엄격히
금지되어 카메라를 포함하여 관람에
불필요한 짐들은 전부 미술관 안의
보관소에 맡겨두었다. 미술관 1층

한쪽에는 자유롭게 음악을 들으며
칵테일을 즐길 수 있는 칵테일바가
마련되어 있었다. 늦게까지 전시를
하는 금요일에만 운영하는 듯했다.
미술관에서 보는 칵테일 바와 디제잉
부스가 신선했지만, 우리는 칵테일 대신
반고흐에 취하러 곧바로 전시실 입구로
향했다.

　　전체 3층으로 된 전시실은
고흐의 작품들을 시대별로 나누고

언제 가도 좋을 여행, 유럽

있었다. 곳곳에는 내가 알거나 책에서
본 작품보다 처음 보는 작품이 훨씬
더, 아니 대부분일 만큼 엄청난 양의
그림들이 걸려있었다. 작품을 따라
걸으며 그림을 보고 있으니, 왠지 그의
삶을 따라가는 기분이 들었다.

　비록 내가 가장 좋아하는 고흐의
그림인 <밤의 카페 테라스>는 이곳에
없었지만 고흐를 대표하는 크고 작은
여러 다른 그림, 그리고 미처 알지도

못했던 여러 다른 그림들이 지금 내
눈앞에 펼쳐져 있다는 게 보고 있어도
믿기지 않았다. 우리는 미술관 문이
닫힐 때까지 그의 그림을 눈에 가득
담고 나서야 겨우 나올 수 있었다.
꿈같은 시간이었다.

　스물일곱의 나이에 그림을 처음
시작한 빈센트 반 고흐는 늦은 나이에
그림을 시작했다는 말이 무색할 만큼

엄청나게 빠른 속도와 작업량으로
그림에 거의 미쳐 살았다. 비록 생전에
빛을 보지 못했지만 '그림'이라는 꿈을
마음에 품고 살았던 그에게 10년이라는
시간은 가난과 고독, 굶주림조차도

이겨낼 수 있을 만큼 어쩌면 그에게
가장 값진 시간이 아니었을까?
　　문득 인생의 기쁨과 슬픔을 동시에
맛봐야 했던 스물일곱의 내가 떠올랐다.
그때의 나는 꿈에 대한 열정은커녕

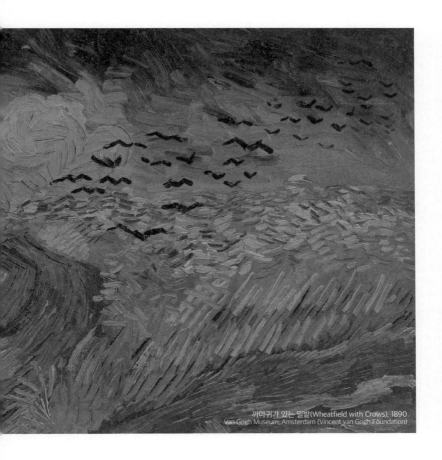

까마귀가 있는 밀밭(Wheatfield with Crows), 1890
Van Gogh Museum, Amsterdam (Vincent van Gogh Foundation)

온갖 상황에 사로잡혀 그저 살아낼
뿐이었는데, 꿈 앞에서 거침없었던 그의
열정을 생각하며 힘들었던 상황 속, 꿈
앞에 주저했던 그때의 나를 돌아보며
반성했다.

살면서 꿈에 대한 물음표가 생길
때면, 자연스레 고흐를 떠올리게 된다.
꿈 앞에 사그라지려고 하는 나의 열정이
다시 솟아오르기를 바라는 마음으로.

안네, 그리고 안녕

이번 여행의 마지막 일정은 '안네의 집' 방문이었다. 하지만 하늘의 별 따기처럼 힘들다던 온라인 티켓 예매도 미리 한국에서 해왔음에도 불구하고, 안네의 집에 큰 흥미를 느끼지 못했다. 호텔에서 고작 500m 떨어진 거리에 있는데, 심지어 내 손에 티켓까지 떡하니 쥐어져 있는데 특별히 안 갈

이유를 찾을 수도 없었다. 결국 우리는 호텔 체크아웃을 하기 전, '안네의 집'을 방문하기로 했다.

우리는 예매한 시간보다 일찍 도착한 편이었지만 이미 입구에는 우리보다 부지런한 사람들이 입장을 기다리고 있었다. 입장 시간이 되자 이곳을 관리하는 직원은 일정한 간격을

언제 가도 좋을 여행, 유럽

●
Anne Frank Huis
Prinsengracht 263-267,
1016 GV Amsterdam
annefrank.org

체격인 나조차도 쉽게 오르기 힘든
좁고 가파른 통로와 계단, 발걸음을 뗄
때마다 삐걱거리는 소리가 크게 들리는
마룻바닥, 책장에 가려진 비밀의 문,
창문 하나 없는 숨겨진 작은 공간들….
두 눈으로 보는 것만으로도 숨 막혔을
그때의 상황이 너무도 생생하게 그려져
마음 한구석이 먹먹했다.

가족 외에 오로지 기댈 것이라곤
연필과 일기장뿐이었을 그녀의 짧은
인생. 2년에 가까운 은둔생활이 훗날
'안네의 일기'라는 책으로 엮여 세계
역사의 한 단편을 알리게 되는 커다란
사건이 될 줄 그녀는 알았을까?
감옥과도 같았을, 아니 어쩌면 감옥보다
더했을 그녀의 숨 막히는 생활상을 그저
호텔과 가까우니 한 번 가볼까? 하는
마음으로 온 것이 왠지 미안했다.

두고 관람객의 입장을 허용했다. 실제로
안네 프랑크가 살았던 곳을 그대로
보존하여 공개하는 만큼 전시실 출입은
엄격하게 이루어지고 있었다.

안네와 그녀의 가족들이 숨죽여
살았던 곳, 우리는 역사의 현장으로
조심스럽게 들어갔다. 비교적 마른

아쉬운 만큼
걷고 또 걷는다

언제 가도 좋을 여행, 유럽

우리는 무거운 마음으로 '안네의 집'을
나왔다.

"우리 마지막으로 한 바퀴만 더 돌고
호텔로 돌아갈까?"

아쉬운 마음에 우리는 호텔로
돌아가기 전, '정말 마지막으로' 주변을 한
번 더 걷기로 했다. 이번엔 호텔에서 안네의
집으로 걸어왔던 길 대신, 다른 방향으로 빙
돌아서 가기로 했다.

토요일 오전의 암스테르담 거리는
이상하리만큼 한적했다. 이곳 사람들도
주말을 늦잠으로 시작하는 걸까, 아니면
금방 떠나야 하는 우리에게 조용히 작별
인사라도 해주는 걸까.

아직 열지 않은 상점 쇼윈도를
구경하는 것도, 다닥다닥 붙어있는 서로
다른 건물들을 호기심 어린 눈빛으로
신기하게 바라보는 것도 이제 얼마 남지
않았다는 사실에 나는 모든 순간을
사진으로 다 담아가야겠다는 일념으로 셀
수 없이 카메라 셔터를 눌러댔다. 아쉬운
만큼 우리는 계속 주변을 걷고, 또 걸었다.

49대 51,
살면서 결정이 필요한 순간

49대 51. 유독 결정을 심하게 못하는 나에게
언젠가 남편이 해준 말이다. 살면서 겪는 대부분의
결정은 49대 51의 확률이라며, 결정을 위해 90, 100에
이를 때까지 끊임없이 고민하고 스스로 괴로워하기
보다 단 1의 차이로 어느 한쪽으로 기우는 순간이 오면,
그때 바로 결정을 하면 되는 거라고. 제법 간단한 듯한
이 말을 듣고 나니 삶에서 다가오는 모든 결정의 순간이
조금은 쉬워졌다. 아주 쉬워졌다고는 말 못하겠지만
분명한 건, '기준'이 생겼다는 것.

2016년 5월, 수년간 이어왔던 회사 생활에
마침표를 찍고 나는 곧바로 프리랜서 생활을 시작했다.
프리랜서가 되고 나서 가장 먼저 하고 싶었던 일은 내
작업을 해보는 것. 디자이너라면 누구나 다 해보고
싶은 일이었다. 회사에 소속되어 여러 가지 제약 속에
진행해야 하는 일들 말고 처음부터 끝까지 내 손으로

무언가를 만들어 내보고 싶은 마음이 컸다. 그래서
회사를 그만두기 전에 짧게 다녀왔던 일본 여행
이야기를 회사를 그만두자마자 곧바로 작은 책자로
만들었다. 굉장히 소량이었지만, 나는 그 책을 여러 작은
독립 서점에 조금씩 입고했다. '독립출판'의 시작이었다.

그리고 몇 달 뒤, 런던과 암스테르담, 델프트를
여행하고 돌아온 나는 좀 더 제대로 그리고 규모있는
책을 만들어 보기로 다짐했다. 기억을 더듬어가며
틈틈이 썼던 글을 한데 모아 다시금 고치고 여행 중에
찍었던 사진들을 훑어보며 내용을 구상하고 콘셉트를
정해가며 '책'의 형태를 갖추기 위해 노력했다. '책'이라는
결과물을 위한 제대로 된 절차는 아닐지라도 유려한
문구와 다양하고 알찬 정보는 조금 부족할지라도
사람들이 이 책을 읽는 동안 '여행하는 기분'이 들기를
바랐다. 애초에 예상했던 시간보다 훨씬 시간이 흘러
2년이 훌쩍 지나버린 순간에도. 큰 금액의 '제작비'
앞에 잠시 머뭇거리는 순간에도. '49대 51'의 확률에서
1은 스스로에 대한 도전이기도 했지만, 이 책을 읽을
사람들에게 주고 싶은 도전이기도 했다.

2주, 한 달, 아니 그 이상을 오래 머무르며 여행하는
여행자에 비하면 9일간의 우리 여행은 상대적으로

부족하고 잔잔한 느낌마저 드는 여행이었을지도
모른다. 여행자라고 부르기엔 우리 둘은 너무 서툰
여행자나 다름없었으니까. 그런데도 이 여행 이야기를
책으로 만들겠다니. 여러 상황에도 불구하고 여행을
통해 얻을 수 있었던 '용기'가 아니었다면 아마 이 책은
내 컴퓨터 속 폴더 어딘가에 영원히 진행 중인 상태로
남아있었을 것이다.

누구에게나 진행 중인 무언가가 하나쯤은 있으리라
생각했다. 설령 그것이 생각에서 그쳤건, 사느라 바빠서
중간에 멈춰 버렸건 간에, 이 자그마한 책을 읽는 동안
'나도….' 하는 마음으로 혹시 그 '무언가'가 생각난다면,
적어도 이 기회에 도전해보는 마음이 생기길 바랐다.

여행에 정답은 없듯이 삶에도 정답은 없다고
믿는다. 여행을 통해 얻게 된 용기 덕분에 삶을 살아가는
태도가 조금은 유연해진 것 같다. 그것만으로도 왠지
한 단계 성장한 것 같은 기분이 든다. 유연해지지
않았더라면 전혀 겪지 못했을 이야기들, 그 이야기들을
마음에 품고 오늘도 내일도 계속해서 용기 있는 삶을
살아본다.

언제 가도 좋을 여행, _____

다음 여행을 위해 남겨두는 공백.